Vegetarissimo!

Malu Simões & Alberto Musacchio

Vegetarissimo!

FEINE VEGETARISCHE KOCHKUNST AUS ITALIEN

Rezepte aus dem Country House Montali

Mit einem Vorwort von Hannes Jaenicke

Jan Thorbecke Verlag

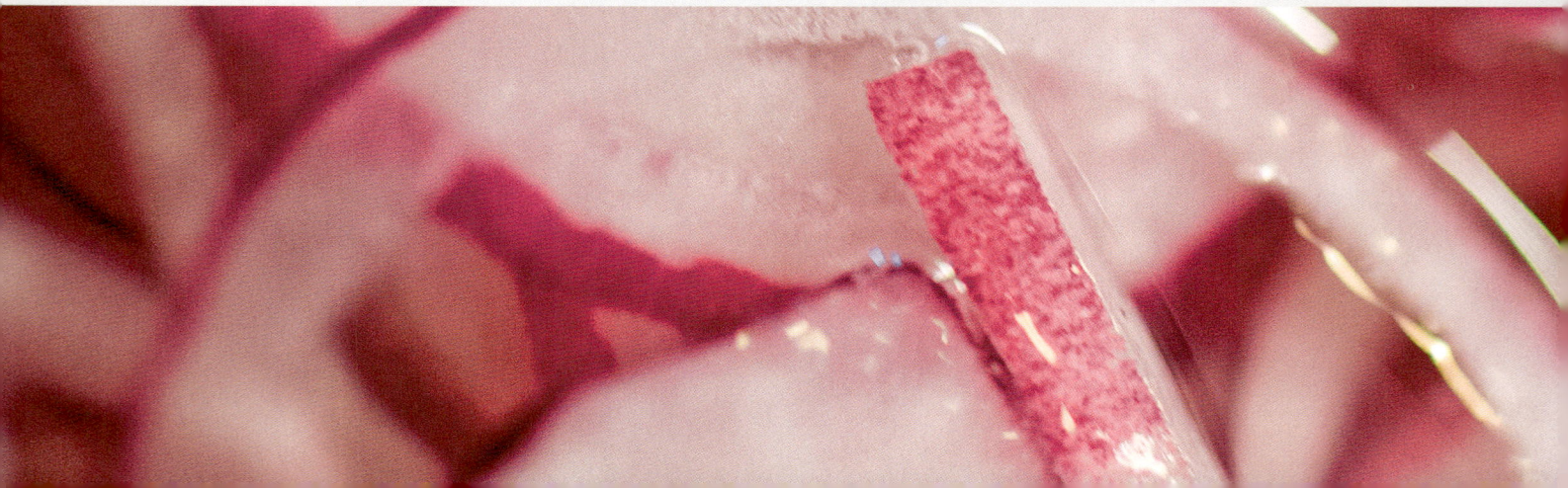

VERLAGSGRUPPE PATMOS

PATMOS
ESCHBACH
GRÜNEWALD
THORBECKE
SCHWABEN

Die Verlagsgruppe
mit Sinn für das Leben

Für die Schwabenverlag AG ist Nachhaltigkeit ein wichtiger Maßstab ihres Handelns. Wir achten daher auf den Einsatz umweltschonender Ressourcen und Materialien.

Aus dem englischen Original von Christine Frauendorf-Mössel

Alle Rechte vorbehalten
© der deutschen Ausgabe 2015 Jan Thorbecke Verlag der Schwabenverlag AG, Ostfildern
www.thorbecke.de
© der Originalausgabe Malu Simões and Alberto Musacchio
Montali Country House
Via Montali, 23
Tavernelle di Panicale
Perugia, Italien
www.montalionline.com

Fotos: Giorgio Violino
Foto Hannes Jaenicke: © Carsten Sander
Layout: Cosma Musacchio
Umschlaggestaltung: Finken & Bumiller, Stuttgart
Druck: Süddeutsche Verlagsgesellschaft, Ulm
ISBN 978-3-7995-0679-3

Inhalt

Danksagung 12
Einführung 15
Vorwort von Hannes Jaenicke 16

Antipasti & Appetithäppchen 18
Schwarze Schafe 76
Service 80

Erster Gang / Primi 84
Das Team 152
Vegetarische Restaurants 158

Zweiter Gang / Secondi 164
Speisen und Traditionen 242
Jäger & Vegetarier 246

Desserts 248
Vegetarier & Vegetarier 312
Italien, Schönheit und Leiden 316

Register 324

Danksagung

Ein Kochbuch bei laufendem Restaurantbetrieb mit all der damit verbundenen Arbeit zu schreiben, kann nur gelingen, wenn die Autoren sehr gute und verlässliche Hilfskräfte an ihrer Seite wissen. Wir haben im Sommer 2013 an diesem Buch gearbeitet, während der Gastronomiebetrieb unter großem Aufwand zahlreiche Gäste verköstigte.

Dass dies so reibungslos funktionierte, dafür sind wir vor allem Rodrigo Albano, Cleophus Peebles und Cary Cortell dankbar, unserem Team der Souschefs, welche die Küche mit hoher Effizienz betrieben, während der Küchenchef Fotos und Rezepte zusammenstellte. Die gesamte Küchenbrigade hat hart gearbeitet, um dieses Buches zu ermöglichen. Ein großes Dankeschön an sie alle!

Unser Dank gilt auch der IVV (Industria Vetraria Valdarnese), dem toskanischen Hersteller exquisiter Glaswaren im typisch italienischen Stil und Dekors, der uns Glas und Kristall für unsere Fotos im gewünschten Umfang zur Verfügung stellte. Gleichermaßen danken wir der Firma Atal für die Ausstattung mit Porzellangeschirr, das unsere Fotos so wunderbar ergänzt. Danke!

Wie so häufig danken wir meinem Bruder Gianni und der Kunst, die er für uns schuf. Von ihm bemalte Glasteller und andere Kunstkompositionen fanden in unseren Büchern zahlreich Verwendung. Last but not least gilt unser Dank dem Studio Potter Peveragno für die formschönen Keramikgefäße, die sich so vorteilhaft auf unseren Fotos präsentieren. Hunderte von Fotos ohne dekoratives Geschirr sind eine Qual. Es erzeugt erst eine sehr natürliche Kulisse, die unsere Arbeit in das rechte Licht rückt.

Ein großes Dankeschön auch an unseren Fotografen Giorgio Violino, der viele Monate bei uns verbrachte und immer zur Stelle war, wenn neue Rezepte fotografiert werden konnten. Er mag gegen Ende der Fotoshootings einige Kilo zugelegt haben ... aber das ist sein Problem!

In diesem Zusammenhang ein Wort über die Fotos, die hier in Montali aufgenommen wurden.

Kochbuchfotos werden meistens in Studios mit einem perfekten Licht-Management aufgenommen, also in einem dunklen Raum mit schwarzen Wänden und in dem gleißenden Licht starker Deckenscheinwerfer. Eine effiziente Methode, die jedoch häufig Szenen ohne Tiefenschärfe produziert, was die einzelnen Fotos meist flach und gleich aussehen lässt. Jedenfalls mussten wir auf technische Vorteile dieser Art verzichten und sämtliche Aufnahmen an unserem Standort und ohne Studioausrüstung schießen ... Unser Vorteil allerdings war die großartige Kulisse unseres Standorts mit herrlichen Sonnenauf- und Sonnenuntergängen sowie einmaligen natürlichen Lichtverhältnissen. Technische Defizite konnten wir also durch Gegebenheiten wettmachen, die kein noch so perfekt ausgestattetes Fotostudio zu schaffen vermag: die einzigartige Atmosphäre einer natürlichen Beleuchtung, wie das atemberaubende Schauspiel eines umbrischen Sonnenuntergangs. Arbeitsintensiver war dies sicher. Das Fotografieren in einem Studio ist manipulierbarer. Dafür jedoch konnten wir für unser Buch einige sehr ungewöhnliche Szenen in großartiger Umgebung einfangen.

Auch die Gerichte waren immer echt – ohne das Haarspray, das Zutaten einen besonders frischen Glanz verleiht. Und eben das war der Hauptgrund für die Extra-Kilos auf den Rippen unseres Fotografen am Ende der Fotoshootings. Er konnte einfach nichts verderben lassen. Oder jedenfalls behauptete er dies.

Unser innigster Dank allerdings gilt den vielen Tausend Menschen, die unser vorausgegangenes Buch gekauft und es so sehr geliebt haben. Sie sind diejenigen, die diese neue Ausgabe, dieses neue Koch-Projekt erst möglich gemacht haben.

An sie alle ein ganz besonderes Dankeschön!

EINFÜHRUNG

Unser erstes Kochbuch „The Vegeterranean" war, ganz unerwartet, ein Erfolg. (Anmerkung des Verlages: „The Vegeterranean" ist bisher nicht in deutscher Sprache erschienen.) In den unterschiedlichsten Ländern erreichten wir eine überraschend hohe Auflagenzahl.

Angesichts dessen ist die Motivation für ein neues Buch schwierig. Es muss schon einen guten Grund für eine neue Version geben. Geld jedenfalls sollte es nicht sein. Vielmehr die Chance, etwas zu tun, was beim ersten Mal versäumt wurde.

Ein Grund für den Erfolg des vorausgegangenen Buches war die neue und interessante Interpretation einer vegetarischen Gourmetküche mit starkem italienischem Akzent. Die Art und Weise, wie wir die Rezepte präsentiert und dem Publikum nahe gebracht hatten, kam offenbar gut an. Was fehlte, waren Faktoren wie Zeit und Schwierigkeitsgrad. In unserem hektischen Leben bleibt den meisten offenbar höchstens eine halbe Stunde für die Zubereitung einer Mahlzeit. In unserem Restaurant allerdings arbeiten vier Profis als Souschefs einen ganzen Tag, um eine Auswahl an Menüs von nur vier Gängen für eine limitierte Anzahl von Gästen zuzubereiten.

Hinter sämtlichen in Montali entwickelten und zubereiteten Rezepten steckt ein enormer Aufwand an Arbeit und Personal. In den Genuss kommen unsere Gäste, die sich von dieser großartigen Küchenbrigade verwöhnen lassen. Die Speisen zu Hause in derselben Qualität, allein und in beschränkter Zeit kopieren zu wollen, ist jedoch etwas anderes.

Auch wenn das erste Buch sehr erfolgreich war, die häufigste Reaktion des Publikums war, unsere Rezepte seien etwas zu kompliziert und zeitaufwändig für den Normalbürger, der nicht den ganzen Tag in der Küche verbringen kann. So entstand die Idee zu diesem Buch mit feiner italienischer Kochkunst, die schnell zubereitet werden kann.

Das Konzept basiert auf der in Montali praktizierten vegetarischen Form der italienischen Küche. Allerdings so gestaltet, dass die Zubereitung einfach bleibt und wenig Zeit beansprucht. Die meisten Rezeptvorschläge sollten in einer halben Stunde zubereitet werden können. Das war unser Ziel. Abgesehen vom Willen zur Einfachheit war die Uhr unser ständiger Begleiter.

Folglich finden sich im Inhalt Gerichte wie Supplì di Riso, Bruschette al Cavolfiore, Risotto al Radicchio e Noci neben anderen köstlichen Rezepten, die in ihrer Originalform fester Bestandteil der italienischen Küche sind, hier jedoch rein vegetarisch zubereitet werden. Abgesehen von italienischen Küchenklassikern haben wir eigene Kreationen eingefügt, ohne dabei den Blick auf die Einfachheit der Zubereitung zu verlieren.

Viele Rezepte sind als „vegan" und „glutenfrei" markiert. Bei anderen stehen die Begriffe „glutenfrei optional" und/oder „vegan optional". Sie besagen, dass ein Gericht glutenfrei oder vegan wird, ersetzt man eine Zutat durch glutenfreie beziehungsweise vegane Alternativprodukte.

Bei einigen Rezepten arbeiten wir mit einer Fülle von Zutaten, um das optimale Resultat zu erzielen und weil wir in einer professionell ausgestatteten Restaurantküche arbeiten. Für Sie zu Hause ist es daher wichtig, die wesentlichen Zutaten zu erkennen und herauszufiltern, was nicht unbedingt nötig ist, falls Sie es nicht vorrätig haben.

Die Rezepte der meisten Hauptspeisen enthalten Empfehlungen besonderer italienischer Weine, die ausgezeichnet zu den jeweiligen Gerichten passen. Sicher ist es zusätzlich spannend, sich auf die Suche nach unbekannten Sorten zu machen, um sie einmal zu versuchen.

Wir wünschen uns sehr, dass unsere Rezepte all diejenigen immer wieder aufs Neue inspirieren, die zu Hause vegetarisch kochen möchten.

Für sie alle ein gutes Gelingen!

Wahre menschliche Kultur gibt es erst, wenn nicht nur Menschenfresserei, sondern jede Art des Fleischgenusses als Kannibalismus gilt.

Wilhelm Busch

Der geniale Verfasser von „Max und Moritz" wäre vermutlich beim Kosten der Rezepte dieses Buches zum begeisterten Hobbykoch avanciert. Dass Vegetarier nicht nur gesünder, sondern auch länger leben als Fleischesser, ist mittlerweile erwiesen – das bestätigen sämtliche Krebs- und Herzforschungszentren. Und dass Fleischproduktion, besonders aus Massentierhaltung, unsere Umwelt nachhaltig ruiniert, dürfte sich trotz vehementer Lobbyarbeit und millionenschwerer Werbekampagnen der Fleischindustrie herumgesprochen haben. Sage und schreibe ein Viertel der gesamten Landfläche unserer Erde ist nur noch dazu da, um Futtermittel für die Fleischproduktion herzustellen, u.a. für 1,7 Milliarden Rinder weltweit, deren Fleisch sich aber nur der wohlhabende und meist übergewichtige Teil der Weltbevölkerung leisten kann. Um ein Kilo Rindfleisch zu produzieren, benötigt man ca. 16.000 Liter Wasser, für ein Kilo Gemüse in etwa 100 Liter. Die Behauptung, der Mensch müsse für seine Eisen- und Protein-Zufuhr Fleisch verzehren, ist nachweisbar Unfug, denn es gibt Hülsenfrüchte und Gemüse, die weitaus mehr Protein und Eisen als Fleisch beinhalten. Ganz zu schweigen von der Tierquälerei in Mastbetrieben, Viehtransporten, dem Methan-Ausstoß, der Regenwaldvernichtung, um anschließend genmanipuliertes Futtersoja anzubauen, vom Welthunger einerseits und von Fettleibigkeit und Fastfood-(Un)Kultur andererseits …

Viel mehr Spaß macht es, von Menschen, Köchen, Ess- und Lebenskünstlern wie Alberto Musacchio zu schwärmen, bei deren Kochkunst man nicht aus Umwelt-, Tierschutz-, Mode-, oder Gründen der politischen Korrektheit auf Fleisch verzichten möchte, sondern aus purer Genuss-Sucht und Freude an feinem Essen. Albertos Küche und Rezepte sind gut für den Esser, gut für Mutter Erde, gut fürs Karma-Konto und Gewissen, gut fürs liebe Vieh und definitiv gut für Genuss und Lebensqualität. Im Gegensatz zu unseren Ärzten, die bei Vegetariern weniger zu tun und zu verdienen haben als bei Fleischessern, werden es uns Mutter Erde und das liebe Vieh danken. In diesem Sinne wünsche ich dem Leser dieses Buches viel Freude in der Küche und am Esstisch, ein gesundes und langes Leben und *Buon Appetito!*

Ihr Hannes Jaenicke

ANTIPASTI & APPETIT-HÄPPCHEN

Sorbetto Martini

Dies ist eine Kreation aus Montali für heiße Sommertage. Die Bezeichnung Sorbet leitet sich vom Türkischen *serbet* (arabisch *sarba*) ab. Sorbet ist seit römischer Zeit bekannt, denn es ist historisch belegt, dass der römische Kaiser Nero für sein Sorbet Eis aus dem Apennin kommen ließ. Pech für ihn, dass es zu seiner Zeit noch keinen Martini gab.

einfach	8 Portionen	60 Minuten	vegan	glutenfrei

Getränk

270 ml	Wasser
116 g	Zucker
½ TL	Johannisbrotkernmehl (Carubin)
130 ml	Zitronensaft
200 ml	trockener Martini

Dekoration

grüne Oliven
Zitronenzesten
Granatapfelkerne
Pfefferminzblätter

Das Wasser und den Zucker in einem Stieltopf vermischen und aufkochen. Das Johannisbrotkernmehl hinzugeben und sofort mit einem Stabmixer durchrühren, bis es sich vollständig aufgelöst hat. Den Sirup durch ein Sieb in eine Schüssel passieren und in einem Eisbad abkühlen lassen. Ist die Masse erkaltet, den Zitronensaft, die Zesten und den Martini einrühren. Die Mischung 1–2 Stunden in den Kühlschrank stellen. Anschließend ungefähr 20 Minuten in der Eismaschine gefrieren lassen.

Johannisbrotkernmehl ist ein pflanzliches Binde- und Geliermittel, das dem Sorbet eine cremige Konsistenz verleiht. Sie können die Zutat nicht finden? Kein Problem. Agar-Agar-Pulver ist ein guter Ersatz (¼ TL). Ansonsten wie mit dem Johannisbrotkernmehl verfahren.

Besitzt man keine Eismaschine, wird die Sorbet-Basis während des Kühlvorgangs immer wieder durchgerührt. Die dadurch eingebrachten Luftbläschen mindern die Bildung größerer Eiskristalle. Zu diesem Zweck die Sorbet-Mischung in ein großes, flaches Plastik- oder Glasgefäß geben und 1 Stunde ins Gefrierfach stellen. Anschließend das Gefrorene herausnehmen und mit einer Gabel, einem Schneebesen oder dem Stabmixer durcharbeiten, um die groben Eiskristalle zu zerkleinern. Die Mischung anschließend noch einmal 1 Stunde ins Gefrierfach stellen. Diesen Vorgang drei- bis viermal wiederholen, bis das Sorbet eine cremige Konsistenz besitzt. Vor dem Servieren aus dem Kühlschrank nehmen, damit es leicht antauen kann.

Das Martini-Sorbet kann auf klassische Art mit gehackten grünen Oliven und Zitronenschale bestreut oder mit Granatapfelkernen und frischen Pfefferminzblättern dekoriert serviert werden. Es schmeckt erfrischend und köstlich.

Paté di Verdure

Diese Gemüsecreme gehört zu den köstlichsten veganen Dips, die Sie selbst zubereiten können. Bewahren Sie sie in Gläser abgefüllt auf und öffnen Sie eines, wenn Sie spät abends nach Hause kommen, nichts mehr zu essen da und keine Zeit zum Kochen ist. Machen Sie damit eine Bruschetta und in 5 Minuten ist eine leckere Mahlzeit fertig. Sie werden zudem überrascht sein, wie gern Kinder plötzlich Gemüse essen.

einfach	3 Gläser à 250 ml	60 Minuten	vegan	glutenfrei

500 g	frische Tomaten, geviertelt
100 g	entsteinte grüne Oliven
250 g	Zwiebeln, in Ringe geschnitten
500 g	Paprikaschoten, gewürfelt
160 g	Karotten, in Scheiben
30 g	Kapern, gewaschen und trocken getupft
15 g	Petersilienblätter
250 ml	Olivenöl extra vergine
	Salz
	schwarzer Pfeffer
	Chili

Sämtliche Zutaten in einem Mixer zu einer glatten, cremigen Paste verarbeiten. Das Püree in einem Topf mit starkem Sandwichboden unter Rühren 40–45 Minuten kochen, bis die Flüssigkeit verdampft ist. Mit einem Stabmixer zu einer cremigen Paste verarbeiten.

Im Kühlschrank hält sich die Paste bis zu 4 Tage.

Zur Aufbewahrung die Paste in 3 Gläser (250 ml, ausgewaschen) füllen, festpressen, um Luftblasen zu vermeiden, die Gläser verschließen, mit einem Tuch umwickeln und in einen Topf geben. Den Topf bis auf 5 cm oberhalb der Glasdeckel mit Wasser füllen und dieses zum Kochen bringen. 30 Minuten köcheln lassen und die Gläser danach im Wasser abkühlen lassen. Die Gläser lassen sich 6 Monate an einem trockenen Ort aufbewahren.

Es lohnt sich, stets einige Gläser dieser Gemüsecreme vorrätig zu haben. Sie lässt sich für viele schmackhafte Gerichte, Vorspeisen und Snacks verwenden.

Pesto di Pomodori Secchi

Wer hat sich nicht schon einmal an einem guten Pesto versucht? Hier eine Variante aus sonnengetrockneten Tomaten. Einmal probiert, macht es für immer süchtig. Halten Sie es für kleine Zwischenmahlzeiten vorrätig. Es ist leicht herzustellen und vielfach verwendbar.

| ● einfach | ○ 400 g | ◔ 20 Minuten | Ⓥ vegan | ⓧ glutenfrei |

300 g	sonnengetrocknete Tomaten
70 ml	Weißweinessig
50 g	Pinienkerne
1 TL	Oregano oder Wilder Majoran, grob gehackt
1 EL	Petersilie, grob gehackt
5	Basilikumblätter, grob gehackt
1 EL	Kapern, gewaschen und grob gehackt
½ TL	Chilipulver

Olivenöl extra vergine

Die getrockneten Tomaten waschen und trockentupfen. 2 l Wasser zum Kochen bringen, den Weißweinessig dazugeben und die Tomaten 6 Minuten darin kochen. Die getrockneten Tomaten herausnehmen und gut abtrocknen.

Die Pinienkerne auf einem kleinen Blech im Ofen ohne Fett goldbraun rösten.

Die Tomaten, die Kräuter, die Kapern, die gerösteten Pinienkerne und das Chilipulver im Mixer mit so viel Olivenöl pürieren, dass eine dicke, geschmeidige Paste entsteht. Das Pesto in Gläser füllen und, wenn nötig, mit Olivenöl bedecken.

Tomaten-Pesto sollte man zur vielseitigen Verwendung immer im Kühlschrank haben.

Es schmeckt köstlich auf Bruschetta, in Saucen aus frischen Tomaten und in Salatsaucen.

Tarallucci

Taralli sind ein in Süditalien sehr beliebtes Salzgebäck. Wir knabbern sie an sonnigen, heißen Nachmittagen auf der Piazza bei einem Glas Spritz und frönen *La Dolce Vita*.

● mittel	○ 100 Stück	◷ 90 Minuten	Ⓥ vegan

500 g	Mehl		schwarzer Pfeffer
10 g	Salz		Salz
200 ml	trockener Weißwein		
125 ml	Olivenöl extra vergine		
10 g	Fenchelsamen		
1 TL	Chili		

Alle Zutaten in einer Schüssel mischen und mit den Fingern zu einem Teig verarbeiten. Auf einer Arbeitsplatte weiter zu einem glatten, elastischen Teig verkneten. In Klarsichtfolie eingewickelt eine halbe Stunde ruhen lassen.

Ein mandarinengroßes Stück Teig abtrennen, unter den Handflächen zu einer dünnen Rolle von ca. 12 mm Durchmesser formen. Die Teigrolle in 10 cm lange Stücke schneiden, zu Kringeln formen und die Teigenden übereinander schlagen. Die Taralli auf ein Backblech legen und mit einem sauberen Küchentuch bedecken. Den Vorgang wiederholen, bis der Teig aufgebraucht ist.

Wasser mit Salz und einem Spritzer Olivenöl in einem großen Topf aufkochen. Immer je 10 Taralli gleichzeitig kochen und mit einem Sieblöffel herausnehmen, sobald sie an die Oberfläche steigen. Die Brotkringel auf einem sauberen Tuch zum Abtrocknen auslegen, ohne dass sie sich berühren. Backbleche mit geöltem Pergamentpapier auslegen, die abgekühlten Taralli darauflegen, mit einem Tuch bedecken und 1 Stunde weiter trocknen lassen.

Den Backofen auf 180 °C vorheizen. Die Taralli mit Olivenöl bestreichen und 20 Minuten backen. Aus dem Ofen nehmen und auf Kuchengittern abkühlen lassen.

In einer verschließbaren Blechdose aufbewahren, damit sie knusprig bleiben.

Spuma al Cavolfiore

Mit diesem Blumenkohl-Schaum macht Montali einen Abstecher in die Molekularküche. Dieser Schaum ist so duftig und geschmacksintensiv, dass er in jedem Menü Überraschung und Begeisterung hervorruft. Er erinnert nicht im Entferntesten an das Klischee vom langweiligen Blumenkohl.

● einfach　　　16 Portionen　　　60 Minuten　　　glutenfrei

180 g	Blumenkohl, blanchiert
3 EL	Olivenöl extra vergine
2	Knoblauchzehen, in Scheiben
2	kleine Schalotten, in Scheiben
50 ml	Milch
120 ml	Sahne (35 % Fett)
1	Lorbeerblatt
	Salz
	schwarzer Pfeffer
	Muskatnuss

Den blanchierten Blumenkohl in einer Pfanne in Olivenöl mit 1 in dünne Scheiben geschnittenen Knoblauchzehe, 1 in dünne Scheiben geschnittenen Schalotte, Salz, Pfeffer und Muskatnuss 3 Minuten anbraten.

Den Blumenkohl herausnehmen und in einen hohen Topf geben, die Milch, die Sahne, den restlichen Knoblauch, die restliche Schalotte, das Lorbeerblatt, Salz und schwarzen Pfeffer hinzufügen. Mit einem runden Pergamentpapier bedecken und bei niedriger Hitze weitere 20 Minuten köcheln lassen.

Das Lorbeerblatt herausnehmen. Den Blumenkohl zu einer geschmeidigen Masse vermischen, durch ein Sieb passieren und durch einen Trichter in einen Siphon füllen. Gut verschließen und 2 Kapseln aufschrauben, kräftig schütteln, die Mousse in kleine Gläser spritzen und schwarzen Pfeffer darüberstreuen. Sofort servieren.

> Für dieses Rezept benötigt man einen 0,5-l-Siphon mit 2 Gaskartuschen.

Pastel de Queijo

Die mit geschmolzenem Käse gefüllten, knusprigen Teigtaschen sind ein beliebtes brasilianisches Streetfood. In Brasilien genießt man den Pastel unter tropischer Sonne zusammen mit einem Glas *Caipirinha*.

● schwer   ◯ 16 Stück   ◷ 40 Minuten

Füllung

600 g	mittelharter Käse, grob gerieben

Teig

500 g	Auszugsmehl + Mehl zum Ausrollen	Erdnussöl zum Ausbacken
125 ml	warmes Wasser	grobes Salz zum Bestreuen
60 ml	Erdnussöl	
1	Ei	
½ EL	destillierte Spirituose (Cachaça, Rum …)	
½ EL	Essig	

Tomatensalat

800 g	Kirschtomaten, in groben Würfeln	Salz
1	mittelgroße Schalotte, grob gewürfelt	schwarzer Pfeffer
		roter Tabasco
2 EL	schwarze Oliven, grob gehackt	
1 EL	Schnittlauch, gehackt	
2 TL	Oregano	
2 TL	Sojasauce	
4 TL	Olivenöl extra vergine	
1	Knoblauchzehe, gepresst	

Die Salatzutaten in einer Schüssel mischen, mit Klarsichtfolie bedecken und beiseite stellen.

Alle Zutaten für den Teig in einer zweiten Schüssel mischen und zu einem Teig verkneten, bis dieser sich von den Seitenwänden der Schüssel löst. Die Arbeitsfläche mit Mehl bestreuen, den Teig darauf weiterkneten, bis er fest und geschmeidig ist. In Folie einschlagen und bei Zimmertemperatur ungefähr 15 Minuten ruhen lassen.

Den Teig in kleine Portionen aufteilen und die Nudelmaschine bereitstellen. Eine Teigportion mit Mehl bestäuben und mit dem Nudelholz 5 mm dick ausrollen. Den Teig zusammenklappen, den Regler der Walze so einstellen, dass die Walzen vollkommen geöffnet sind, und den Teig durchlassen. Den Teig erneut zusammenklappen und, ohne die Einstellung zu verändern, so lange durchwalzen, bis ein Rechteck von 10 cm Länge entsteht.

Jetzt mit der höchsten Einstellung beginnend die Einstellung bei jedem Durchwalzen immer weiter vermindern, bis die engste Walzeneinstellung erreicht ist.

Den Teigstreifen auf die Arbeitsfläche legen und auf der einen Hälfte Portionen von jeweils 30 g Käse nebeneinander verteilen, so dass Rechtecke von 10 cm Breite und 12 cm Länge entstehen. Die zweite Teighälfte darüberklappen, die Ränder um die einzelnen Füllungen andrücken und mit einem Teigrad auseinanderschneiden. Auf ein mit Pergamentpapier ausgelegtes Tablett geben und mit Mehl bestäuben.

Die Teigtaschen in heißem Öl frittieren, auf Küchenpapier abtropfen lassen, mit grobem Salz würzen und zusammen mit Tomatensalat und – das ist die italienische Variante – eisgekühltem Prosecco servieren.

Für dieses Rezept benötigt man eine Nudelmaschine.

Focaccia Pugliese

Aus Apulien, dem „Stiefelabsatz" Italiens, stammen mit die besten Rezepte der italienischen Küche. Sie sind einfach und köstlich. Wenn Focaccia nach Ihrem Geschmack ist, dann sollten Sie diese unbedingt probieren.

● einfach	◐ 8 Portionen	⏱ 60 Minuten	Ⓥ vegan

10 g	frische Bierhefe	Olivenöl extra vergine
225 ml	warmes Wasser	Oregano
1 TL	Kartoffelstärke	Salz
125 g	Weichweizenmehl	schwarzer Pfeffer
125 g	feines Hartweizenmehl	
1 TL	Salz	
450 g	Kirschtomaten	
2	Knoblauchzehen, gepresst	

In einer Schüssel die Hefe mit dem Schneebesen in warmes Wasser einrühren, bis sie sich vollständig aufgelöst hat. Mit der Stärke, den Mehlsorten und dem Salz zu einem weichen, geschmeidigen Teig verarbeiten. Eine mittelgroße Schüssel mit Olivenöl ausstreichen und den Teig hineingeben. Mit Folie bedeckt an einem warmen Ort gehen lassen, bis er das doppelte Volumen erreicht hat.

Den Ofen auf 200 °C vorheizen.

Die Tomaten halbieren und in einer Schüssel mit etwas Oregano, Knoblauch, Salz und Pfeffer vermischen.

Reichlich Öl in eine Backform von 30 cm Durchmesser geben. Den Teig hineinlegen und mit den Fingern auseinanderziehen und über den Boden verteilen, bis er flach und komplett geölt ist.

Die Tomatenhälften mit der Schnittfläche nach unten auf den Teig drücken, mit reichlich Oregano bestreuen sowie mit etwas Olivenöl beträufeln und 20 Minuten im heißen Ofen backen.

Die Focaccia auf ein Kuchengitter legen, mit einem nassen Küchentuch bedecken und warm servieren. Eine absolute Köstlichkeit!

Gazpacho Bianco

Diese weiße Kaltschale ist eine interessante Variante der andalusischen Spezialität und ein Mittelding zwischen einer Vorspeise und einem Aperitif. Vorzüglich geeignet für eine Sommermahlzeit im Freien an heißen Tagen.

- einfach
- 8 Portionen
- 20 Minuten
- vegan optional
- glutenfrei optional

Gazpacho

200 g	Gurke, geschält und gewürfelt	Salz
75 g	grüne Paprika, gewürfelt	weißer Pfeffer
150 g	grüne Tomaten, gewürfelt	
30 g	Lauch, in Scheiben	
1	Knoblauchzehe	
3	Pfefferminzblätter	
30 g	frische Semmelbrösel (wahlweise glutenfreie Semmelbrösel)	
50 ml	Olivenöl extra vergine	
150 g	Joghurt natur (oder Sojajoghurt)	
30 g	grüne Oliven, grob gehackt	
4	Spritzer grüner Tabasco	
½	TL Apfelessig	
½	TL Limonensaft	

Dekoration

1	Apfel (Granny Smith), klein gewürfelt	schwarzer Pfeffer
½	Salatgurke ohne Kerne, klein gewürfelt	Olivenöl extra vergine
1 EL	Petersilie, gehackt	
10	Mandeln, in dünne Scheiben geschnitten	
8	Eiswürfel	

Die Zutaten für die Gazpacho in einem Mixer pürieren. Durch ein feines Sieb streichen. Das Glasgefäß des Mixers mit Folie abdecken und die Gazpacho im Kühlschrank sehr kalt werden lassen.

Die Gazpacho auf 8 Gläser verteilen und jedes mit Äpfeln, Gurken, Petersilie, Mandelblättern, einem Eiswürfel, schwarzem Pfeffer und einen Spritzer Olivenöl garnieren.

> Die Gazpacho schmeckt je nach Saison auch köstlich mit halbierten grünen Weintrauben.

Bruschetta al Cavolfiore

Geröstete Brotscheiben mit Blumenkohl sind ein Klassiker der umbrischen Küche. Bruschetta spricht sich übrigens „brusketta" aus. Eine Köstlichkeit unter den Appetithappen.

● einfach   ◯ 6 Personen   ⏱ 20 Minuten   Ⓥ vegan   ✗ glutenfrei optional

650 g	Blumenkohl
4 EL	Olivenöl extra vergine + zusätzliches Öl zum Beträufeln
4	Knoblauchzehen, 1 davon geschält
2	Lorbeerblätter
12	Scheiben Weißbrot (oder glutenfreies Brot)

Chilipulver
Salz
schwarzer Pfeffer
schwarze + rosa Pfefferkörner

Den Blumenkohl waschen und in Röschen zerteilen.

Salzwasser zum Kochen bringen, den Blumenkohl einlegen und 5 Minuten blanchieren. Das Gemüse mit dem Sieblöffel herausnehmen, das Kochwasser aufbewahren. In einer Stielpfanne das Olivenöl mit den ungeschälten Knoblauchzehen, den Lorbeerblättern und etwas Chilipulver heiß werden lassen und eine halbe Minute braten. Den Blumenkohl dazugeben, mit Salz und schwarzem Pfeffer würzen und weitere 5 Minuten braten. Mit einer halben Kelle Blumenkohlwasser ablöschen, gut umrühren und beiseite stellen.

Die Brotscheiben auf ein Tablett legen, mit Olivenöl beträufeln, salzen und pfeffern. Eine Grillpfanne mit Antihaftbeschichtung erhitzen, die Brotscheiben auf beiden Seiten rösten. Mit einer geschälten Knoblauchzehe einreiben. Die mit Knoblauch eingeriebenen Seiten der Brotscheiben mit Blumenkohlkochwasser befeuchten.

Die Scheiben auf einer Platte anrichten, eine Portion Blumenkohl daraufgeben, mit Olivenöl beträufeln, mit schwarzen und rosa Pfefferkörnern bestreuen und sofort servieren.

Glutenfreie Panini

Endlich gibt es köstlich schmeckende glutenfreie Panini. Kein Hartgummi-Gebäck, sondern ein duftiger Snack für jede Tageszeit (den kleinen Hunger um Mitternacht eingeschlossen).

- mittel
- 6 Portionen
- 30 Minuten
- glutenfrei

30 g	gemischte Kerne: Sesam, Sonnenblumen, Kürbis
1	kleine ganze Knoblauchzehe
300 g	glutenfreies Mehl
4 EL	Maisstärke
1 ½ TL	Hefe
350 ml	warmes Wasser
1	kleine Kartoffel, gekocht und zerdrückt
2	Eier
	Salz
	schwarzer Pfeffer
	Olivenöl extra vergine

Den Backofen auf 180 ° C vorheizen.

Die Kerne zusammen mit der Knoblauchzehe, Salz und Pfeffer in einer kleinen Pfanne in 2 TL Olivenöl rösten. Die Knoblauchzehe entfernen und die Kerne grob hacken. Beiseite stellen und abkühlen lassen.

Das Mehl und die Maisstärke in einer Schüssel mischen und eine Vertiefung in die Mitte drücken. Die Hefe in warmem Wasser auflösen und zusammen mit der Kartoffel, 3 EL Olivenöl und den aufgeschlagenen Eiern in die Mulde geben. Die Zutaten mit einem großen Teigspatel verkneten und dabei den Teig von unten nach oben wenden, um Luft in die Mischung zu bringen, bis sie geschmeidig und elastisch wird.

Zwei Silikonmatten mit zwölf Mini-Muffinformen mit Olivenöl ausfetten.

Jede Form mit Teig befüllen, 20 Minuten im Ofen backen und die kleinen Brötchen anschließend auf einem Kuchengitter abkühlen lassen.

Mit einem Brotmesser mit Wellenschliff (Brotsäge) das obere Drittel jedes Brötchens als Deckel abschneiden und unterschiedlich füllen: mit Mozzarella, Tomaten und Basilikum, mit Salatgurke und mittelhartem Käse oder mit Gemüsepaste und Gorgonzola. Als Füllung empfehlen sich auch gegrilltes Gemüse, Salat, Basilikum-Pesto oder sogar Tomaten-Pesto. Sofort servieren.

Pão de Queijo

Diese Käsebrötchen gehören zu den beliebtesten brasilianischen Snacks. Vorzugsweise warm und ofenfrisch genossen, finden sie immer und überall Abnehmer. Hausgemacht ein unvergleichlicher Genuss.

| ● schwierig | ◯ 22 Stück | ◴ 45 Minuten | Ⓥ glutenfrei |

250 g	säuerliche Maniokstärke (Cassavastärke)
100 ml	Milch
75 ml	Maisöl
2	Eier
215 g	mittelharter Käse, grob gerieben
2 EL	Parmesan, gerieben
1 TL	Salz
	Olivenöl extra vergine

Die Maniokstärke in eine mittelgroße Backschüssel geben.

Die Milch mit dem Maisöl aufkochen, sofort über die Maniokstärke gießen und rasch mit einem Kochlöffel vermischen, bis die Stärke leicht feucht ist. Die Mischung zwischen den Handflächen reiben, bis sie eine homogene Konsistenz hat. Die Eier hinzufügen, gut unterarbeiten und den Teig eine Minute lang drücken und ziehen. Den Käse und das Salz hinzufügen und eine weitere Minute kneten. Mit Folie bedecken und 15 Minuten in den Kühlschrank stellen.

Den Backofen auf 175 °C vorheizen.

Eine Silpat-Backmatte auf ein Backblech legen. Die Hände leicht mit Olivenöl einfetten und Brotkugeln von je ca. 35 g aus dem Teig formen. Nebeneinander auf die Silpatmatte setzen und im heißen Ofen (keine Umluft) 25 Minuten backen.

Heiß servieren.

Gazpacho all'Arancia

Diese Orangen-Kaltschale ist Montalis Zitrus-Variante des berühmten andalusischen Kaltschalen-Rezepts. Ein absoluter Favorit für heiße Sommerabende, der sogar mit ein paar Eiswürfeln genossen werden kann. Wer erinnert sich nicht an den berühmten Film „Soul Kitchen", in dem der kompromisslose Küchenchef Shayn gefeuert wird, weil er gegen einen Gast ausfallend wird, der seine Gazpacho warm serviert haben möchte.

| einfach | 6 Portionen | 60 Minuten | vegan | glutenfrei optional |

500 g	Karotten, gedämpft und in Scheiben
600 ml	Orangensaft
1 TL	Zitronensaft
20 g	frische Semmelbrösel (oder glutenfreie Semmelbrösel)
3	Tropfen grüner Tabasco
20 g	rote Zwiebeln, fein gewürfelt
6	Eiswürfel zum Servieren
2 EL	Petersilie, gehackt

Olivenöl extra vergine
Salz
schwarzer Pfeffer
Muskatnuss

Die Karotten, den Orangen- und Zitronensaft, die Semmelbrösel, den Tabasco, die Zwiebeln und etwas Olivenöl in einem Mixer pürieren. Die Mousse durch ein Sieb in einen hohen Topf streichen.

Nach Bedarf würzen und die Mischung im Kühlschrank erkalten lassen. Die Orangencreme vor dem Servieren auf 6 Cocktailgläser (wie bei Margaritas) oder auf Champagnerschalen verteilen. In jedes Glas einen Eiswürfel geben, mit etwas Olivenöl beträufeln und Petersilie, Salz, Pfeffer und Muskat darüberstreuen.

Mit Blätterteigsalzstangen oder in Olivenöl gerösteten, mit Oregano, Salz und Pfeffer bestreuten Brotscheiben servieren.

Torta al Testo

Typisch für die Region um Perugia und den Trasimenersee, ist dieser Spinatfladen seit der Antike bekannt. Der italienische Name ist dem „testo" geschuldet, dem flachen Stein, auf dem die Torta al Testo ursprünglich gebacken wurde. Der Fladenteig ist der sehr ursprüngliche Brotteig, ungesäuert und ohne Hefe gebacken, und eine typische bäuerliche Spezialität.

 mittel   8 Portionen   60 Minuten   Ⓥ vegan optional

Fladenteig

225 g	Manitobamehl (kleberstarkes italienisches Mehl, für Backwaren ohne Triebmittel besonders geeignet) + zum Bestäuben des Teiges	5 g	Hartweizenmehl + fürs Ausrollen des Teiges
		15 g	frische Backhefe
		1 Prise	Zucker
		225 ml	warmes Wasser
100 g	Weizenvollkornmehl	½ EL	Olivenöl extra vergine
			Salz

Spinatfüllung

500 g	Spinat, blanchiert		Salz
2 EL	Olivenöl extra vergine		schwarzer Pfeffer
2	Knoblauchzehen		
200 g	halbfester Käse, blättrig geschnitten (oder cremiger Tofu)		

Die Mehlsorten vermischen und in die Mitte eine Vertiefung drücken. Die frische Backhefe mit dem Zucker in warmem Wasser auflösen. Die aufgelöste Hefe, das Olivenöl und etwas Salz zum Mehl geben und das Ganze mit den Händen zu einem geschmeidigen Teig verarbeiten. Mit Folie abdecken und 35 Minuten an einen warmen Ort stellen. Danach die Teigoberfläche mit Mehl bestreuen und kleine Teigportionen von einer Seite der Schüssel zur anderen Seite ziehen. Ist der Teig komplett von oben nach unten gewendet, dieselbe Prozedur zweimal wiederholen, nachdem die Oberfläche jeweils erneut mit Mehl bestreut wurde. Mit Folie bedecken und weitere 35 Minuten ruhen lassen.

Eine runde, flache Pfanne von 31 cm Durchmesser auf mittelstarkem Feuer erhitzen, den gesamten Pfannenboden mit fettdichtem Butterbrotpapier auslegen. Den Teig auf eine leicht mit Hartweizenmehl bemehlte Arbeitsfläche geben. Kreisförmig in der Größe des Pfannenbodens ausrollen. Den Teigkreis auf den heißen Pfannenboden legen, die Oberfläche mit einer Gabel anstechen und backen, bis die Unterseite leicht gebräunt ist. Den Teig vorsichtig wenden und die andere Seite backen. Immer wieder wenden, bis der Fladen vollständig durchgebacken ist.

Den Spinat in Olivenöl mit Knoblauch, Salz und Pfeffer 2 Minuten schwenken und beiseite stellen.

Den Fladen in der Mitte mit einem Brotmesser durchschneiden. Den Spinat und den geschnittenen Käse auf die eine Hälfte legen, mit Olivenöl beträufeln und mit der anderen Hälfte bedecken.

Pomodorini Ripieni di Quinoa

Diese mit Quinoa und Frischkäse gefüllten Tomaten sind eine geniale Geschmackskombination und dazu noch ein Fest fürs Auge. Das perfekte Rezept für eine Einladung, bei der man brillieren möchte. Außerdem ist Quinoa als Getreide gerade „in". Als Wein passt dazu ein guter sardischer *Cannonau*.

schwierig	8 Portionen	30 Minuten	vegan optional	glutenfrei optional

Tomaten

8	mittelgroße Tomaten	Salz
		Pfeffer
		Olivenöl
		Balsamico
		Semmelbrösel
		(oder glutenfreie Semmelbrösel)

Quinoa

100 g	Quinoa	grüner Tabasco
2 EL	Schalotten, gewürfelt	Zitronensaft
1	Knoblauchzehe, gehackt	Salz
2 EL	Olivenöl extra vergine	schwarzer Pfeffer
½ TL	Currypulver	
240 ml	Gemüsebrühe	
2 EL	Frühlingszwiebeln, gehackt	
32 g	grüne Oliven, geschnitten	
2 EL	eingelegte Cornichons, gehackt	
1 EL	Petersilie, gehackt	

Frischkäsecreme

300 g	Ziegenfrischkäse (oder Tofu)	Salz
4 EL	Olivenöl extra vergine	schwarzer Pfeffer
1	Knoblauchzehe, gepresst	
1 EL	Schnittlauch, fein geschnitten	

Die Quinoa 15 Minuten in Wasser einweichen. Abspülen und trocken tupfen.

Die Kappen der Tomaten abschneiden und beiseite legen. Das Innere mit einem Löffel auskratzen und die ausgehöhlten Tomaten kopfüber auf Küchenkrepp abtropfen lassen.

Die Zutaten für die Käsecreme mit Ausnahme des Schnittlauchs in einem hohen Glas mischen. Mit dem Rührstab pürieren und durch ein Sieb streichen. Die Creme in einen Einweg-Spritzbeutel mit glatter, runder Tülle füllen. Beiseite legen.

Die Schalotten und den Knoblauch in einem Stieltopf in Öl schwenken, das Curry, die Quinoa und die Gemüsebrühe hinzufügen und unter Rühren aufkochen. Abdecken und 20 Minuten auf kleiner Flamme köcheln lassen. Vom Feuer nehmen und 6 Minuten quellen lassen, bis sich die Quinoa geöffnet hat und das Kochwasser komplett aufgenommen wurde.

Die Quinoa in eine Schüssel geben. Sobald sie abgekühlt ist, die Frühlingszwiebeln, die Oliven, die Cornichons, die Petersilie, einige Tropfen Tabasco und Zitronensaft dazugeben. Je nach Bedarf mit Salz und Pfeffer würzen. Beiseite stellen.

Die Tomaten auf eine mit Pergamentpapier ausgelegte Platte stellen. Die Tomaten mit Salz, Pfeffer und einigen Spritzern Olivenöl würzen. Ein paar Tropfen Balsamicoessig in die Tomaten träufeln und leicht hin und her drehen, damit die Gewürze gut verteilt sind. Dazu die Semmelbrösel geben und erneut drehen und wenden, damit die Tomaten im Inneren gut damit ausgekleidet sind.

Die Tomaten zur Hälfte mit der Quinoamischung befüllen, eine dünne Lage Käsecreme daraufspritzen und eine weitere Schicht Quinoa darübergeben. Mit Käsecreme abschließen und mit Schnittlauchröllchen bestreuen. Die Tomatenkappen daraufsetzen, mit Olivenöl beträufeln und servieren.

Fonduta Pugliese

Hier die südliche Variante des piemontesischen Käsefondues in der Version mit einem kalorienärmeren und sehr aromatischen Dicke-Bohnen-Püree. Genießen Sie es mit einem apulischen *Gravina DOC*.

| einfach | 8 Personen | 30 Minuten | vegan | glutenfrei |

Bohnen-Püree

400 g	getrocknete Dicke Bohnen + 1 Prise Natron (oder 1 kg gekochte Bohnen)	Salz
½	Karotte	schwarzer Pfeffer
½	Selleriestange	
1	Schalotte	
2	Knoblauchzehen	
1	Lorbeerblatt	
1	Stängel Petersilie	
4 TL	Olivenöl extra vergine + etwas zum Beträufeln	

Salat und Gemüse

- 200 g Fenchel, in Scheiben
- 200 g Karotten in Stäbchen (6 × 6 × 70 mm)
- 200 g Stangensellerie in Stäbchen (6 × 6 × 70 mm)
- 200 g rote Zwiebeln, in Scheiben
- 200 g Chicoree
- 200 g Blattsalat
- 200 g Rettich, in Scheiben
- 200 g grüne oder rote Paprika, geschnitten

Gomasio (Sesamsalz)

- 2 EL Sesamkörner
- ½ TL grobes Meersalz

Getrocknete Bohnenkerne über Nacht oder mindestens 6 Stunden in warmem Wasser mit Natron einweichen. Das Wasser abgießen, die Bohnen abbrausen, in einen Topf geben, mit der dreifachen Menge Wasser bedecken und alle Zutaten für das Püree hinzufügen. Langsam weich kochen. Die Bohnen herausnehmen, das Kochwasser aufbewahren. Das Lorbeerblatt und den Knoblauch entfernen. Die Bohnen unter portionsweiser Zugabe der Brühe mit einem Rührstab pürieren, bis eine geschmeidige und nicht zu flüssige Creme entsteht. Mit Olivenöl, Salz und Pfeffer würzen. Warm halten.

Die Sesamkörner in einer Bratpfanne ohne Fett bei mittlerer Hitze und unter ständigem Rühren goldbraun rösten. Den Sesam und das Salz in einem Mörser mittelgrob zerkleinern.

Das Bohnenpüree mit Olivenöl beträufeln und mit Sesamsalz bestreuen. Mit dem Gemüse servieren.

Supplì di Riso

Diese typisch römische Speise wird dort auch „Supplì al telefono" genannt, da der Mozzarella, werden die Kroketten in der Mitte durchgebrochen, eine Schnur bildet, die die beiden Hälften verbindet. Aber das war noch vor Einführung des Mobilfunks.

- mittelschwer
- 8 Stück
- 45 Minuten
- glutenfrei optional

1	mittelgroße Zwiebel, gehackt
2 EL	Olivenöl extra vergine
100 g	Sojaflocken, eingeweicht und abgegossen
400 g	Tomaten aus der Dose, geschält und püriert
500 g	Reis
1 l	Gemüsebrühe
50 g	Butter
120 g	Parmesan
4	Eier
200 g	Mozzarella, gewürfelt und trockengetupft
	Salz
	schwarzer Pfeffer
	Semmelbrösel (oder glutenfreie Semmelbrösel)
	Erdnussöl zum Frittieren

Die Zwiebel in einer Pfanne in Olivenöl anschwitzen, die Sojaflocken dazugeben und 5 Minuten braten. Die Tomaten sowie Salz und Pfeffer untermischen und bei mittlerer Hitze reduzieren, bis die Sauce eingedickt ist. Den Reis unter die Sauce heben und bei schwacher Hitze unter ständigem Rühren kochen, bis der Reis die Flüssigkeit aufgesogen hat und bissfest ist. Wenn nötig, zwischendurch Gemüsebrühe nachgießen.

Vom Feuer nehmen und die Butter, den Parmesan sowie zwei verquirlte Eier unterheben. Gründlich vermengen, die Mischung auf einer großen Platte ausbreiten und abkühlen lassen.

Den kalten Reis portionsweise mit feuchten Händen zu ovalen Kroketten formen. In die Mitte der Kroketten mehrere Würfel Mozzarella geben und gut mit der Reismischung umhüllen. Den Reis auf diese Weise aufbrauchen.

Sind die Reisbällchen geformt, jedes in die beiden restlichen verquirlten Eier tauchen und in Semmelbröseln wenden.

Die Reisbällchen in heißem Erdnussöl herausbacken. Dabei mehrfach wenden, bis sie goldbraun sind. Die Kroketten mit einem Sieblöffel aus dem Fett heben, auf Küchenpapier abtropfen lassen und mit Salz und Pfeffer würzen. Heiß servieren.

Giardiniera Piemontese

Die Giardiniera ist ursprünglich ein bäuerliches Rezept aus dem Piemont. Es war dazu gedacht, die Erträge des Gemüsegartens optimal zu verwerten und all die köstlichen Gemüsesorten für die karge Winterzeit zu konservieren.

einfach	9 Gläser à 250 ml	60 Minuten	vegan	glutenfrei

2 kg	gemischtes Gemüse in Würfeln: Blumenkohl, Stangensellerie, Paprikaschoten, Karotten, Zucchini, grüne Bohnen, Perlzwiebeln etc.

1. Schritt

300 ml	Weißweinessig		100 g	Zucker
300 ml	Rotweinessig		100 g	Kapern, abgespült
400 ml	Olivenöl extra vergine		1 TL	rote Chili

2. Schritt

550 ml	Tomatensauce (Dose oder Glas)		6	Nelken
			1 TL	schwarze Pfefferkörner
4 EL	Traubenzucker		4 EL	Zucker

3. Schritt

300 g	Pilze		300 g	grüne Oliven

Das Gemüse putzen, in Würfel schneiden (Blumenkohl in Röschen zerteilen) und beiseite stellen. Alle Zutaten für den 1. Schritt in einem großen Topf aufkochen und 5 Minuten weiterkochen. Die 2 kg Gemüsewürfel hineingeben und 15 Minuten kochen.

In einem mittelgroßen Topf die Tomatensauce zusammen mit den Zutaten für den 2. Schritt 15 Minuten kochen. Durchsieben, um die Gewürze zu entfernen, und das Gemüse unter die Tomatensauce mischen. Die Pilze und die Oliven hinzufügen und weitere 6 Minuten kochen. Diese sogenannte Giardiniera hält sich so zubereitet bis zu 7 Tage im Kühlschrank.

Für die Konservierung die Gemüsemischung so dicht in 9 heiß ausgewaschene Gläser à 250 ml füllen, dass kein Raum für Luftblasen bleibt. Fest verschließen und in ein Tuch gewickelt in einen hohen Topf stellen. Mit Wasser so auffüllen, dass die Deckel 5 cm hoch bedeckt sind. Die Gläser müssen 30 Minuten im Wasser leicht köcheln. Im Kochwasser erkalten lassen. Abgekühlt bis zu 6 Monate an einem trockenen Ort aufbewahren.

Quinoa all'Arancia

Quinoa, die „Mutter allen Getreides", wie die Inkas sagen, ist reich an Proteinen und als vollwertiger Getreideersatz glutenfrei. In Verbindung mit Orangen eine Köstlichkeit. Ein *Spumante Controguerra d'Abruzzo* rundet dieses Gericht perfekt ab.

● mittelschwer　　◯ 8 Portionen　　◔ 30 Minuten　　Ⓥ vegan optional　　Ⓧ glutenfrei

Quinoa

150 g	Quinoa	Salz
1	Schalotte, gehackt	schwarzer Pfeffer
2	Knoblauchzehen	Eiswasser
4 + 2 EL	Olivenöl extra vergine	
800 ml	Gemüsebrühe	
1 EL	Petersilie, gehackt	

Dressing

250 g	Jogurt (oder Sojajogurt)	Salz
3 EL	Olivenöl extra vergine	schwarzer Pfeffer
1 TL	Zitronensaft	
1 TL	Sojasauce	
1 TL	Hefeflocken	
250 g	Rucola, grob gehackt	

Außerdem

8	Orangen
400 g	Fenchel
400 g	Zucchini, mit einem Rettichschneider spiralförmig geschnitten
4 EL	Olivenöl extra vergine
80 g	Walnüsse, grob gehackt

Vorbereitung

Die Quinoa 15 Minuten in Wasser einweichen. Das Wasser abgießen, die Quinoa abbrausen und abtropfen lassen.

In einem Stieltopf die Schalotte und 1 Knoblauchzehe in 4 EL Olivenöl anschwitzen. Die Quinoa und die Gemüsebrühe dazugeben und mit Salz und Pfeffer würzen. Nach dem Aufkochen zugedeckt 20 Minuten bei kleiner Hitze kochen, von der Kochstelle nehmen und 6 Minuten quellen lassen. Die fertige Quinoa in eine Schüssel geben, ½ EL gehackte Petersilie untermischen und im Eiswasserbad abkühlen lassen.

Den Jogurt in einer Schüssel mit 3 EL Olivenöl, 1 gepressten Knoblauchzehe, dem Zitronensaft, der Sojasauce, ½ EL gehackte Petersilie, den Hefeflocken, Salz, Pfeffer und dem gehackten Rucola vermengen. Beiseite stellen.

Die Orangen filetieren. Dazu die beiden Kappen oben und unten abschneiden. Mit einem scharfen Filetiermesser die Schale mit den weißen Teilen sparsam vom Fruchtfleisch trennen und dabei der Form der Orange folgen. Mit dem Messer jetzt fein neben der Scheidewand zu beiden Seiten in die Orangenspalte hineinschneiden und die Spalte aus der Haut lösen. Den Vorgang mit den restlichen Spalten wiederholen. Die Filets auf einen Teller legen.

Den Fenchel waschen, die oberen Stängel abschneiden und die Knolle in feine Segmente schneiden. Auf einen Teller legen und beiseite stellen.

Anrichten & Servieren

Die Teller einzeln mit Hilfe eines Speiserings von 9 cm Durchmesser anrichten. Dazu den Speisering in die Mitte eines flachen Esstellers legen, eine Lage Quinoa mit dem Löffel leicht hineindrücken. Anschließen die Orangenfilets darüber arrangieren und die Fenchelsegmente und die spiralförmig geschnittene Zucchini daraufsetzen.

Die Rucolasauce und einige Spritzer Olivenöl darübergeben und mit Walnüssen bestreuen.

Tris di Cavolfiore

Hier drei Blumenkohlgerichte, die zeigen, dass sich der oft wenig geliebte Blumenkohl in sehr schmackhafte, aromatische Appetithappen verwandeln lässt. Außerdem ist er den ganzen Winter über trotz des reduzierten Gemüseangebots verfügbar.

 einfach   8 Portionen   30 Minuten   vegan optional   glutenfrei optional

Sautiert mit Kreuzkümmel

800 g	Blumenkohlröschen	Salz
4	Knoblauchzehen	schwarzer Pfeffer
3 TL	Kreuzkümmelsamen	
4 EL	Olivenöl extra vergine	

Die Blumenkohlröschen gründlich waschen, in mundgerechte Portionen zerteilen und 7 Minuten dämpfen. Beiseite stellen.

In einer mittelgroßen Stielpfanne den Knoblauch und die Kreuzkümmelsamen in Olivenöl goldbraun rösten. Den gedünsteten Blumenkohl dazugeben, mit Salz und Pfeffer würzen und weiter sautieren, bis auch der Blumenkohl Farbe angenommen hat.

Sofort servieren.

Frittiert in Kichererbsen-Curry-Teig

600 g	Blumenkohlröschen	Salz
80 g	Kichererbsenmehl	schwarzer Pfeffer
200 g	Weizenmehl (oder glutenfreies Mehl)	Erdnussöl zum Frittieren
80 g	Maisstärke	
2 TL	Currypulver	
175 ml	Bier, kalt (oder glutenfreies Bier)	
175 ml	Mineralwasser mit Kohlensäure, kalt	

Den Blumenkohl gründlich waschen, die Röschen in mundgerechte Portionen zerteilen und 7 Minuten dämpfen. Abtropfen lassen und zum Abkühlen beiseite stellen.

Die Mehlsorten mit der Stärke, dem Currypulver und den Flüssigkeiten in einer Schüssel gut mischen und mit Salz und Pfeffer würzen. Der Teig sollte so sämig sein, dass er jedes Blumenkohlröschen komplett umhüllt.

Das Frittieröl in einem breiten Topf erhitzen. Die Hälfte der abgekühlten Blumenkohlröschen in den Ausbackteig geben und sie einzeln mit einer Gabel vorsichtig in das Öl gleiten lassen. Frittieren, bis der Teig goldbraun und knusprig ist. Den Vorgang mit der zweiten Hälfte Blumenkohl wiederholen. Auf Küchenpapier abtropfen lassen, mit Salz würzen und sofort servieren.

Paniert und gebraten

600 g	Blumenkohlröschen	Salz
500 g	Weizenmehl	schwarzer Pfeffer
	(oder glutenfreies Mehl)	Erdnussöl zum Frittieren
2	Eier (oder 60 ml Sojamilch)	
500 g	Semmelbrösel	
	(oder glutenfreie Brösel)	
1 EL	Petersilie, gehackt	
1 EL	Basilikum, gehackt	
1	Knoblauchzehe, gepresst	

Den Blumenkohl gut waschen, die Röschen in mundgerechte Portionen zerteilen und 7 Minuten dämpfen. Zum Abkühlen beiseite stellen.

Drei mittelgroße Schüsseln vorbereiten mit: 1. Weizenmehl; 2. verquirlten Eiern, Salz und Pfeffer; 3. Semmelbröseln, Kräutern, Knoblauch, Salz und Pfeffer.

Jedes Blumenkohlröschen zuerst in Mehl, dann in der Eimischung und schließlich in den Semmelbröseln wenden. Das panierte Gemüse auf eine mit Pergamentpapier ausgelegte Platte geben. Die Röschen in heißem Öl frittieren und auf Küchenpapier abtropfen lassen. Mit Salz würzen und sofort servieren.

Tris di Scones

Dies sind drei Vorschläge für die Füllungen von Scones. Eine köstlicher als die andere. Holen Sie dieses Rezept hervor, wenn Sie Freunde zu einer Cocktailparty eingeladen haben. Auch für einen Kindergeburtstag sind sie ein absolutes Highlight.

 mittelschwer   8 Portionen   40 Minuten   Ⓥ vegan optional

Scones (ergibt 33 Stück)

675 g	Weizenmehl	Sesam
4 TL	Backpulver	Mohn
1 TL	Salz	grobes Salz
195 g	kalte Butter (oder Margarine), gewürfelt	
450 ml	Milch + 1 TL zum Einpinseln (wahlweise Sojamilch)	
1	Ei (oder Sojasahne)	

Füllungen

250 g	Ziegenfrischkäse (oder Tofu)	Olivenöl extra vergine
1	Knoblauchzehe, gepresst	Salz
3 TL	Schnittlauch, gehackt	schwarzer Pfeffer
200 g	Ricotta (oder Tofu)	roter Tabasco
100 g	Rucola, gehackt	
300 g	schwarze Oliven	

Den Ziegenkäse, den Knoblauch, den Schnittlauch, 1 EL Olivenöl, Salz und Pfeffer in einer Schüssel zu einer homogenen Creme vermischen, mit Klarsichtfolie abdecken und beiseite stellen.

Den Ricotta mit 2 EL Olivenöl in einer Schale verrühren. Den Rucola sowie Salz und Pfeffer einarbeiten. Beiseite stellen.

Die Oliven in ein hohes Glas geben und unter Zugabe von Olivenöl mit dem Rührstab zu einer cremigen Paste pürieren. Mit Salz, Pfeffer und Tabasco würzen. Beiseite stellen.

Den Backofen auf 200 °C vorheizen.

Das Mehl, das Backpulver und das Salz auf eine Arbeitsfläche sieben. Die eiskalte Butter in das Mehl einarbeiten, bis eine feine, krümelige Mischung entsteht. Mit einem Teigschaber (Abstecher) aus Edelstahl die Milch untermischen und schnell zu einem leichten, elastischen Teig verkneten. Die Teigoberfläche mit etwas Mehl bestäuben. Den Teig auf eine Dicke von 2 cm flachdrücken. Einen kreisförmigen Ausstecher von 6 cm Durchmesser in Mehl tauchen und Scones ausstechen. Dabei die Form ohne Drehbewegung in den Teig ein- und ausführen, damit die Scones gleichmäßig aufgehen. Die Teigreste wieder miteinander verkneten und den Vorgang wiederholen, bis der Teig aufgebraucht ist.

Die Scones auf einem mit Backpapier ausgelegten Blech so nebeneinander setzen, dass sie sich nicht berühren. Das Ei mit 1 EL Milch verquirlen, die Scones damit bestreichen und mit Sesam, Mohn und grobem Salz bestreuen. Auf einer oberen Einschubleiste des heißen Ofens 15 Minuten goldbraun backen.

Die Scones halbieren und jeweils ein Drittel der Menge mit Frischkäse, mit Olivenpaste und mit Rucolacreme füllen. Falls gewünscht, auf einem Blattsalatbett servieren.

Vegetarisches Sushi

Montali trifft Japan. Eine großartige Gelegenheit, ein kunstvoll angerichtetes vegetarisches Sushi zu präsentieren. Ein *Erbaluce di Caluso* macht die west-östliche Liäson perfekt.

● schwierig   ○ 8 Portionen   ⏲ 60 Minuten   ⓥ vegan   ⓧ glutenfrei optional

---

Reis

200 g	Arborio-Reis für Sushi
215 ml	Wasser
1 Stk.	Kombu (Algenart)
2 EL	Sake oder Brandy
6 EL	Reisessig oder Apfelessig
2 EL	Zucker
2 EL	Salz

Den Reis in einem Sieb unter fließendem Wasser gründlich waschen und eine halbe Stunde lang abtropfen lassen. In einen Topf geben, mit 215 ml Wasser aufgießen, ein Stück Kombu und den Sake hinzufügen. Aufkochen, mit einem Deckel verschließen und abgedeckt auf kleiner Flamme 10 Minuten kochen. Anschließend vom Feuer nehmen und den Reis zugedeckt 15 Minuten ausquellen lassen.

In der Zwischenzeit den Essig, den Zucker und das Salz in eine Stielpfanne geben und aufkochen, bis sich Zucker und Salz aufgelöst haben. Den Sirup zum Abkühlen beiseite stellen.

Ein Pergamentpapier unter kaltes Wasser halten, ausdrücken und auf eine Unterlage (z. B. Bambuskorb zum Dämpfen) legen. Den Reis mit einem angefeuchteten Holzkochlöffel gleichmäßig darauf verteilen.

Den Sirup über den Reis träufeln und untermengen, bis der Reis Raumtemperatur hat, rundum glänzt und klebrig ist, ohne Klumpen zu bilden. Mit einem feuchten Tuch bedecken, damit er nicht austrocknet, und noch am selben Tag verarbeiten. Nicht in den Kühlschrank stellen.

Gemüse

¼	Avocado, nicht zu reif, in Scheiben	Mehl (oder glutenfreies Mehl)
1	kleine Karotte	Olivenöl extra vergine oder Ghee
¼	rote Paprikaschote	Salz
150 g	Kürbis	Pfeffer
½	Zucchini	
3	Knoblauchzehen	

Die Avocadoscheiben in Mehl wenden und in Öl (oder Ghee) kurz braten. Abgekühlt in Stifte schneiden und beiseite stellen. Die anderen Gemüsesorten in schmale Stifte schneiden und jede Sorte separat in Olivenöl, Knoblauch, Salz und Pfeffer braten. Das Gemüse auf einer Platte vorhalten.

Kapern-Petersilien-Sauce

2 EL	Petersilie, gehackt	Olivenöl extra vergine
2 EL	Kapern, gewaschen und gehackt	

Sämtliche Zutaten mischen und beiseite stellen.

Gomasio

3 EL	Sesamkörner
½ TL	Salz

Sesamkörner und Salz in einer Pfanne goldbraun rösten. Die Körner in einem Mörser zur Paste zerstoßen. Beiseite stellen.

Zubereiten und Anrichten

4	Noriblätter (Algenblätter)	Sushi-Matte
		Klarsichtfolie
		Essigwasser
		Dijonsenf
		Wasabi
		Sojasauce

Die Sushi-Matte in Klarsichtfolie einschlagen. Die Matte auf einer sauberen Arbeitsfläche ausbreiten und ein Noriblatt darauflegen. Die Fingerspitzen in Essigwasser tauchen, eine Portion Reis aufnehmen und über das Algenblatt in rechteckiger Form ½ cm dick verteilen. Mit Gomasio bestreuen. Mit Senf und Kapernsauce entlang der kurzen Rechteckseite eine Linie ziehen und etwas Gemüse daraufgeben. Von dieser Seite beginnend, die Bambusmatte vorsichtig aufrollen und das Ende leicht andrücken, um die Rolle zu schließen. Die Zutatenmenge ergibt insgesamt vier dieser Rollen. Mit einem scharfen, leicht befeuchteten Messer jede Rolle in 6 schmale Portionen schneiden. Pro Person 3 Sushis mit Wasabi und Sojasauce anrichten.

Schwarze Schafe

In unserem Haus herrscht stets eine bunte Mischung aus Nationalitäten und ein babylonisches Sprachgewirr. An einem Abend, zum Beispiel, waren mit Personal und Gästen zwölf verschiedene Nationen unter einem Dach versammelt. Glücklicherweise dient uns Englisch als verbindendes Kommunikationsmittel. Die Niederländer gehören meistens zu denjenigen, die mehrere Fremdsprachen gut beherrschen. Außer ihrer Muttersprache sicher Deutsch, Englisch

Meine Frau war bereits nach Hause gegangen, und wir räumten die Küche auf, als die ältere Dame eintrat und arglos in Holländisch gefärbtem, zweideutigem Englisch den Satz sagte: „Sie haben sehr gute „cocks" (Schwänze) in Ihrer Küche!"

Nun sind wir Dankesbesuche von Gästen in der Küche gewohnt, aber in diesem Moment waren wir doch perplex. Wir bemühten uns

und auch etwas Französisch. Wobei diese Sprachfertigkeit vorrangig auf die jüngere Generation zutrifft.

Eines Abends speiste bei uns ein älteres, von Montali und unserer Küche begeistertes Ehepaar aus den Niederlanden, das eine Woche bei uns verbracht hatte. Nach ihrer letzten Mahlzeit kam die Ehefrau zu uns in die Küche, um sich zu bedanken. Damals arbeiteten unter der Leitung meiner Frau ein Afroamerikaner aus Virginia, ein bulliger Junge aus Puerto Rico und ein kräftig gebauter Brasilianer als Souschefs der Saison.

krampfhaft, ernst und höflich zu bleiben. Allein der Amerikaner konnte nicht widerstehen und fragte: „Und woher wollen Sie das wissen, Ma'am?"

Natürlich schätzten wir die Geste der älteren Dame, aber es war nicht leicht, die Kontenance zu wahren. Sie war bei ihrem Kompliment einem sogenannten „false friend" aufgesessen – also einer Vokabel, die in zwei Sprachen ähnlich zu klingen scheint, jedoch eine völlig andere Bedeutung hat. In diesem Fall: ein peinliches Versehen.

Verschiedene Nationalitäten bedeuten unterschiedliche Umgangsformen, Essensgewohnheiten und Kulturen. Italiener sind bei einem Restaurantbesuch immer wie aus dem Ei gepellt, kommen jedoch stets zu spät. Deutsche sind pünktlich und verstehen selten Spaß, während Franzosen Vegetarier für einen Fehlgriff der Schöpfung halten.

Die meisten unserer Gäste sind Paare. Sie sehnen sich nach ruhigen Tagen in schöner Umgebung und erwarten als Zugabe eine qualitativ hochwertige Verköstigung. Aber natürlich ereilt auch uns in Montali immer mal das Unvorhergesehene, das Ungewöhnliche.

Ich erinnere mich noch allzu gut an jenen Abend, als zwei Biker, ein australisches Brüderpaar, sich für eine Nacht bei uns einmieteten, um am Folgetag an einem Motorradrennen teilzunehmen. Sie waren alles andere als die übliche Klientel, aber die meisten Hotels der Umgebung waren eben ausgebucht.

An jenem Tag waren auch zwei junge Damen, Stammgäste, als Übernachtungsgäste eingetroffen. Die eine war eine besondere Schönheit, eine Amerikanerin mit indianischen Vorfahren, was ihr zusätzlich einen exotischen Reiz verlieh.

Die Damen erregten sofort die Aufmerksamkeit der Biker, die mich umgehend fragten: „Albertooo, wer sind die beiden?" „Stammgäste", erwiderte ich. „Und sie sind BEIDE verheiratet." Daraufhin die zwei Aussis: „Wo liegt das Problem? Wir sind auch verheiratet!" Genau diese Antwort wollte ich absolut nicht hören.

Die beiden Aussis waren ausgelassen und fröhlich, in ihrem Temperament nicht zu bremsen. Sie tranken Unmengen, hörten Discomusic auf der Stereoanlage des Restaurants und machten sich NATÜRLICH an die beiden „Ladies" ran.

Eine der „Ladies" erzählte am nächsten Tag, der Jüngere habe sie später zu einem Rendezvous im Mietwagen eingeladen. Was für ein romantisches Angebot! Casanova hätte nichts Besseres einfallen können! Es musste die italienische Luft, der

Sternenhimmel über Umbrien sein, der ihn zu diesem erotischen Abenteuer in einem Fiat 500 inspiriert hatte.

Das Abendessen verlief reibungslos. Kurz danach entschieden sich die beiden Damen für den sicheren „Rückzug" auf ihr Zimmer. Gegen 23 Uhr, nach reichlichem Biergenuss, zog sich auch der jüngere Bruder zurück. Weitere Biere später gelang es mir, auch den anderen Bruder in Richtung seiner Unterkunft hinauszukomplimentieren.

Montali besteht aus drei Gebäuden. Zwei werden als Unterkunft für Hotelgäste genutzt. Das Zimmer der beiden Australier lag in einem, das der „Ladies" im anderen Haus. Entsetzt registrierte ich, dass sich der Ältere in Richtung des Hauses der Ladies davonmachte. Mit einem Feuerlöscher bewaffnet, harrte ich der Dinge, die da kommen mussten. Zu meiner Beruhigung jedoch trat der Aussie 10 Minuten später wieder den Rückweg an. Vermutlich war er auf eine verschlossene Tür gestoßen.

Montali liegt ruhig und abgeschieden auf einer Hügelkuppe. Um Mitternacht herrscht hier Grabesstille. Im Umkreis von Kilometern ist absolut kein Laut zu hören.

Ich war überrascht, als ich Minuten später hörte, wie der ältere Bruder laut polternd vor seiner Zimmertür brüllte: „John, mach endlich die Tür auf!" Aus Angst, der verrückte Australier könne meine Gäste wecken, rannte ich zur Dependance hinüber, um nach dem Rechten zu sehen. Dabei bemerkte ich flüchtig, dass in dem abseits geparkten Fiat 500 Licht brannte. Um es kurz zu machen: Der jüngere Bruder war nicht, wie wir angenommen hatten, zu Bett gegangen. In Wirklichkeit hatte er sich wohl in der Hoffnung in den Fiat gesetzt, eine der Damen würde sich zu ihm gesellen, und Musik gehört. Darüber allerdings war er bierselig mit dem Zimmerschlüssel in der Tasche im Auto eingeschlafen. Jetzt versuchte ihn sein Bruder, der ihn im gemeinsamen Zimmer wähnte, lautstark zu wecken. Ein sinnloses Unterfangen. Der Bruder schlief außer Hörweite friedlich im Auto.

Als die beiden am Folgetag abreisten, gehörten sie für mich zu den seltenen Gästen, die man am liebsten von hinten sieht, und ich hoffte inständig, sie würden nie wiederkommen. Die beiden waren recht amüsant, aber für Montali etwas zu ausgefallen.

Service

Guter Service war und ist auch in Verbindung mit einer qualitativ hochwertigen Küche das A und O bei einem Restaurantbesuch. Nichts kann selbst die köstlichste Suppe nachhaltiger verderben als ein übellauniger und mit seinem Job unzufriedener Ober. Ein angenehmer Service, das Lächeln und die positive Ausstrahlung eines Kellners erst machen den Genuss eines erstklassigen Menüs perfekt.

Unvergessen bleibt für mich mein erster Küchenchef, ein Japaner, der versuchte, aus einem 19 Jahre alten italienischen Jungen einen guten Ober zu machen, ihn von der Bedeutung seiner Aufgabe zu überzeugen. Ich war blutjung, ohne die geringste Erfahrung. Ich hatte gerade mein erstes Restaurant eröffnet, kannte mich in diesem Metier kaum aus, während er ein alter Hase war. Einen seiner ersten Tipps habe ich in den folgenden 30 Jahren stets beherzigt. Er erklärte mir damals, Gästepaare seien beim Betreten eines Restaurants immer verunsichert, da sie nicht wüssten, welches Ambiente sie erwarte, ob sie passend gekleidet seien, die Atmosphäre ihnen entspräche.

Normalerweise gehört es zum guten Ton, dass der Mann einer Frau die Tür aufhält – mit Ausnahme von Besuchen in Restaurants oder Bars. Hier tritt der Mann als erster ein, um das Ambiente zu testen. Könnte ja sein, dass er die Schönheit in seiner Begleitung ungewollt einer unpassenden Umgebung aussetzen würde. Also gebührt ihm der Vortritt. Soviel zu guten Manieren. Mein erster Küchenchef jedoch veranlasste mich, auch auf die Körperchemie der Gäste zu achten. Er war der Ansicht, der Mensch entwickle in seiner Nervosität ungünstige „Enzyme", die sowohl die Verträglichkeit der Speisen als auch die Geschmacksnerven beeinträchtigen. Und er lehrte mich daher, meine Gäste bereits im Eingangsbereich persönlich anzusprechen und aufzulockern, um für die bestmögliche Entspannung zu sorgen. Nur entspannte Gäste, so meinte er, könnten eine Mahlzeit auch genießen.

Dreißig Jahre später sind mir seine Worte noch sehr gegenwärtig. Mein Restaurant erfreut sich großer Beliebtheit, aber die Regeln haben sich nicht geändert. Auch die ländliche Bevölkerung aus der Umgebung ist bei uns zu Gast. Es sind liebenswerte, einfache Leute, die unser Ambiente meist etwas einschüchtert. Also versuche ich sie beim Empfang durch eine entsprechende Ansprache aufzulockern. Vielleicht erzähle ich sogar einen derben Witz, was erfahrungsgemäß gut ankommt, sie ablenkt und sie die ungewohnte Umgebung vergessen und das Essen genießen lässt. Meinem ehemaligen japanischen „Altmeister" sei Dank.

Höflichkeit ist in unserem Metier ein Muss. Liebenswürdigkeit, Humor und die entsprechende Gewandtheit bei der Bedienung von Gästen gehören zu den herausragenden Fähigkeiten, die aus einem Ober einen Meister des Services machen, der die Qualität eines Restaurants mitbestimmt.

Der Parcours, den ein Ober zwischen den Tischen zurücklegt, kommt einem Bühnenauftritt gleich. Er bedient und unterhält die Gäste – soweit diese das wünschen. Wie weit man sich auf diesem Terrain vorwagen sollte, bedarf Erfahrung. Es gibt Gästepaare, die möchten in Ruhe gelassen werden ... andere haben das Bedürfnis, sich ständig mit dem Servicepersonal zu unterhalten. Auf die richtige Dosierung kommt es an.

Einen Fehler sollte der Ober in einem guten Restaurant unbedingt vermeiden: sich zu ernst zu nehmen. Jede Art von Selbstüberschätzung führt zu Problemen. Und schlimmer noch: Versucht ein Ober seine Überlegenheit zu zeigen, indem er demonstriert, wie gut er ist, ist er in die Falle getappt – ungeachtet dessen, dass er vielleicht wirklich GUT ist.

Versuche nie, Überlegenheit zu zeigen. Versuche nie, besser zu sein als der Gast. Versuche nie, eine Show abzuziehen. Die positive Selbsteinschätzung kann ein Irrtum sein. Außerdem weiß man nie, mit wem man es zu tun hat, wer an dem Tisch sitzt, den man bedient.

Eines Abends habe ich in einem sehr vornehmen Restaurant in London mit einem guten Freund gegessen, der als Kenner der Restaurantszene gilt. Der Ober, ein junger Mann Mitte Zwanzig, bediente uns mit arrogant herablassender Miene, gab uns das Gefühl, die erstklassigen Speisen des „soooo" berühmten Restaurants wären an uns verschwendet. Das war die falsche Taktik. Er hatte es mit Experten zu tun, die ihn beruflich herausforderten, sein Versagen unerbittlich für alle sichtbar machten.

Ich persönlich bin zu dem Servicepersonal immer höflich. Schließlich habe ich mein Leben lang in diesem Beruf gearbeitet. Ich weiß, wie hart er sein kann. Aber an jenem Abend musste dem jungen Mann eine Lektion erteilt werden. Er hatte sie sich redlich verdient.

Versuche nie, Gäste zu beeindrucken. Versuche nie, dich überlegen zu geben. Es ist letztendlich der Gast, der die Rechnung bezahlt, derjenige, der immer recht hat. Dabei sollte man bedenken, dass heutzutage niemand den Beruf des Obers ein Leben lang ausüben möchte. Als erfolgreiche berufliche Laufbahn gilt er längst nicht mehr. Man übt die Tätigkeit zwischen anderen Jobs aus oder um schnell Geld zu verdienen, in den Schulferien zu jobben. Auf diese Weise verschwindet das Berufsbild des perfekten Obers langsam und unwiederbringlich aus unserem Leben.

Der Beruf des Kellners galt im Italien meiner Kindheit und Jugend als sehr ehrenwert. Ich erinnere mich noch gut an die Restaurantbesuche unserer Familie in der Kleinstadt, in der ich aufwuchs. Mein Vater, General in der Armee, war ein allseits geachteter Bürger und in unserem Lieblings-Restaurant stets sehr willkommen. Die Tatsache, dass er großzügig Trinkgelder verteilte, trug sicher einiges dazu bei. Der Ober mittleren Alters, der unsere Familie immer bediente, ist mir auch nach 40 Jahren in lebhafter Erinnerung

geblieben. Bei allem was Tischsitten, Speisen und Getränke betraf, umgab ihn die Aura der absoluten Autorität und Erfahrung. Allein die eleganten Gesten beim Entkorken der Weinflaschen hatten für mich als Kind etwas Magisches. Die Art und Weise, wie er mit der Flasche hantierte, verleitete mich zu der Vorstellung, er könne Korken allein mit einer Handbewegung aus dem Flaschenhals zaubern. Ganz zu schweigen von der charmanten Art, mit der er das beste Tagesgericht und den dazu passenden Wein empfahl. Er hat mich stets zutiefst beeindruckt.

Unsere Mutter hat uns vor jedem Restaurantbesuch eingebläut, wie wir uns in der Öffentlichkeit zu benehmen hatten, was man tat und sagte und besonders, was man nicht tat und sagte. Für mich war dieser Ober vollkommen mit sich und seinem Job im Reinen, bewegte sich zwanglos im Einklang mit der Umgebung, besaß Klasse und Charme. Allerdings hatte er ein Leben lang nichts anderes getan. Er beherrschte seinen Beruf, beherrschte die Kunst des zuvorkommenden und doch distanzierten Umgangs mit Gästen. Gibt ein Ober dem Gast das Gefühl, in jeder Lage Herr der Situation am Tisch zu sein, dann hat er seinen Beruf verstanden.

Guter Service heißt berufliches Können gepaart mit höflichen Umgangsformen, Feingefühl, Humor und einer professionellen Einstellung. Man zeigt diskret, dass man seinen Job perfekt beherrscht, sich jedoch in den Dienst des Gastes stellt. Der Gast möchte den Wein aus dem Wasserglas trinken? Selbstverständlich geht man darauf ein. Und zwar ohne ein Zeichen von Vorwurf. Der Gast ist König. Man macht Vorschläge, gibt Hinweise, ohne zu bevormunden.

In Italien heißt es andererseits: *A tavola e a tavolino si riconosce il signoriono* – Bei Tisch und am Spieltisch erkennt man den wahren Gentleman. Der Beruf des Obers ist wie gesagt hart. Die Arbeitszeit ist lang, der Stress groß, das Publikum sehr unterschiedlich. Den Ober zu verunglimpfen, beweist schlechte Kinderstube. Es sei denn, jemand hat einen groben Fehler begangen.

Was meine Person betrifft, nehme ich jeden Vorwurf hin. Aber ich nehme es übel, wenn meine Leute schlecht behandelt werden. Ich bin der Restaurantbesitzer und allein verantwortlich für Beschwerden und Reklamationen. Wenn Gäste mich beschimpfen möchten, bitte. Aber ich werde sehr reizbar, wenn mein Servicepersonal verunglimpft wird. Meine Leute arbeiten hart in einem Job, in dem niemand reich werden kann. Ich mache die Hausregeln und bin auch dafür verantwortlich.

Wer sich Kellnern gegenüber schlecht benimmt, ist kein Gentleman!

Erster Gang / Primi

Bucatini Aglio e Olio

Bucatini sind eine für Rom typische Pasta. Etwas dicker als Spaghetti sind sie innen hohl und bei Kindern wegen der Geräusche beliebt, die beim Essen entstehen können – aber wohl in vornehmen Restaurants nicht angebracht sind. Mit Olivenöl und Knoblauch zubereitet, sind sie ein einfaches und schnelles Gericht – beliebt bei der ganzen Familie. Mit einem *Nebbiolo d'Alba* aus dem Piemont der perfekte Pastagenuss.

● einfach　　○ 8 Portionen　　🕒 20 Minuten　　Ⓥ vegan　　✕ glutenfrei optional

---

100 g	frische Semmelbrösel (oder glutenfreie Semmelbrösel)
1	Knoblauchzehe, gepresst
2 EL	Petersilie, grob gehackt
15	Knoblauchzehen, in Scheiben
1 TL	Chili, frisch oder getrocknet
150 ml	Olivenöl extra vergine
2 EL	Kapern, grob gehackt
650 g	Bucatini-Nudeln (oder glutenfreie Pasta)

Salz
schwarzer Pfeffer

Die Semmelbrösel und die gepresste Knoblauchzehe mit der Hälfte der Petersilie in einer kleinen Schale gut vermischen. Mit Salz und Pfeffer würzen. Beiseite stellen.

Den in dünne Scheiben geschnittenen Knoblauch mit der Chili in einer großen Pfanne in Olivenöl goldbraun rösten. Die Kapern und die Semmelbröselmischung hinzufügen und schwenken, damit sich die Zutaten gut vermischen. Warm halten.

Die Pasta in kochendem Salzwasser nach der Gebrauchsanweisung auf der Packung *al dente*, also bissfest, kochen. Keinesfalls zu weich werden lassen. In einem Sieb kurz abtropfen lassen und sofort in die Pfanne mit der Knoblauchsauce geben. Umrühren und die restliche Petersilie darüberstreuen. Je nach Bedarf mit Salz und Pfeffer würzen.

Sofort servieren.

Sommomolini di Riso

Dieses Rezept von Albertos Mutter ist eine erstklassige Resteverwertung für Reis. In heißer Brühe serviert, sind die Reisnocken eine herzhafte aromatische kleine Mahlzeit, wie geschaffen für lange Winterabende. Ein milder *Bardolino* passt perfekt dazu.

- mittelschwer
- 8 Personen
- 30 Minuten
- vegan optional
- glutenfrei optional

800 g	gekochter Reis
3 EL	Parmesan, gerieben + etwas zum Bestreuen (optional)
2	Eier (oder 60 ml Sojasahne)
2 EL	Basilikum und Petersilie, fein gehackt
100 g	Weizenmehl (oder glutenfreies Mehl)
1,6 l	Gemüsebrühe
3 EL	Petersilie, gehackt, zum Bestreuen
	Salz
	Pfeffer
	Erdnussöl zum Ausbacken

Den Reis, den Parmesan, die verquirlten Eier und die Kräuter in einer mittelgroßen Schale vermischen und mit Salz und Pfeffer würzen.

Aus der Reismischung Nocken (Klöße) formen. Dazu mit zwei Suppenlöffeln entsprechende Portionen von der Reismenge abstechen, leicht andrücken und die ovalen Formen auf einen mit Mehl bestäubten Teller setzen. Den Vorgang wiederholen, bis die Reismischung aufgebraucht ist.

Das Erdnussöl erhitzen. Es hat die richtige Temperatur, wenn ein Stückchen Brot im Öl zu brutzeln beginnt und um es herum im Fett kleine Bläschen entstehen.

Die Nocken in kleinen Mengen frittieren, um zu vermeiden, dass sich das Öl zu stark abkühlt. Aus dem Öl nehmen und salzen.

Die Gemüsebrühe erhitzen und die Sommomolini in einer Schüssel mit reichlich Brühe und etwas Parmesan und Petersilie servieren.

Orecchiette alle Cime di Rapa

Orecchiette alle Cime di Rapa ist vermutlich das bekannteste Gericht aus Apulien. Eine Köstlichkeit mit reichlich Mineralstoffen, Eisen und einem großartigen Aroma. Der Käse mildert die leichte Bitterkeit des Kohls. Hierzu passt ein kräftiger Rotwein, zum Beispiel ein Glas *Castel del Monte*.

● einfach   8 Personen   30 Minuten   glutenfrei optional

1,5 kg	Sprossenbrokkoli (Cime di Rapa)	Salz
6 EL	Olivenöl extra vergine	schwarzer Pfeffer
4	Knoblauchzehen	Chiliflocken (oder gehackte,
250 g	Gorgonzola, grob gewürfelt	getrocknete Chili)
650 g	Pasta, vorzugsweise Orechiette	Parmesan
	(oder glutenfreie Nudeln)	

Das Kohlgemüse putzen und nur die zarten Blätter und Sprossenspitzen verwenden. Waschen, grob hacken und in einem großen Topf in sprudelndem Salzwasser weich kochen. Mit einem Sieblöffel herausnehmen und abtropfen lassen. Das Kochwasser zum Kochen der Pasta vorhalten. Beiseite stellen.

Das Öl in einer großen Stielpfanne erhitzen und die Knoblauchzehen leicht goldbraun anbraten. Die Chili, den Sprossenbrokkoli und den gewürfelten Gorgonzola untermischen und umrühren, bis der Käse geschmolzen ist.

Die Pasta im Kohlwasser nach Gebrauchsanweisung auf der Packung bissfest kochen. Nicht zu weich werden lassen!

Die *Orechiette* in ein Sieb gießen, abtropfen lassen und unter die Sprossenbrokkolisauce mischen. Wenn nötig, etwas Kochwasser angießen und mit Salz und Pfeffer würzen.

Dieses köstliche Nudelgericht mit Chili, geriebenem Parmesan und einigen Spritzern kalt gepresstem Olivenöl servieren.

Riso e Bietta

Hier ein Rezept für ein schnelles und gutes Risotto mit dem besonderen, leicht adstringierenden Aroma des Mangolds. Mangold, reich an Wasser, Eisen und Vitaminen, ist ein sehr gesundes Gemüse. Es wirkt blutbildend, ist erfrischend und beruhigend. Aufgrund seines hohen Folsäuregehalts regt es den Eisenstoffwechsel an. Eine Eigenschaft, die auch unserer Leber gut tut. Wir schlagen vor, sich dazu einen *Carmignano* aus der Toskana zu genehmigen.

● einfach ◯ 8 Personen ◷ 25 Minuten Ⓥ vegan optional Ⓧ glutenfrei

1,5 l	Gemüsebrühe
1	mittelgroße Zwiebel, fein geschnitten
1	Knoblauchzehe, gepresst
4 EL	Olivenöl extra vergine
450 g	Mangold, grob gehackt
600 g	Carnarolireis
60 ml	trockener Weißwein
1 EL	Butter (oder Sojasahne)
2 EL	Parmesan, gerieben (optional)
	Salz
	schwarzer Pfeffer

Heiße Gemüsebrühe in einem abgedeckten Stieltopf auf kleiner Flamme für die Zubereitung des Risottos vorhalten.

Die Zwiebel und den Knoblauch in einem Topf in Olivenöl eine halbe Minute schwenken. Den Mangold hinzufügen, mit Salz und Pfeffer würzen und 2 Minuten köcheln lassen. Den Reis einrühren. Eine weitere Minute anbraten, bis der Reis glasig und die Flüssigkeit verdampft ist. Den Wein angießen und unter ständigem Rühren zischend verdampfen lassen. Jetzt die Gemüsebrühe portionsweise dazugeben, sobald der Reis alle Flüssigkeit aufgenommen hat. Ständig weiterrühren, damit der Reis eine cremige Konsistenz annimmt. Sobald der Reis „bissfest" ist, also noch einen festeren Kern hat, Butter und Parmesan unterheben, kräftig durchrühren und sofort mit geriebenem Parmesan bestreut servieren.

Ein Risotto ist perfekt, wenn der Reis weder hart noch matschig ist und nicht am Servierlöffel kleben bleibt. Es sollte eine leicht suppige Konsistenz aufweisen.

Rigatoni al Forno

Diese überbackenen Rigatoni sind für Pastaliebhaber ein Hochgenuss. Das Gericht ist in Italien weit verbreitet und bei Familien als sonntäglicher Imbiss beliebt. Servieren Sie die Rigatoni mit einem roten *Conero DOCG Riserva* (aus den Marken).

 einfach   6 Personen   40 Minuten   ⊗ **glutenfrei optional**

Tomatensauce

800 g	geschälte Tomaten aus der Dose	Salz
3	Knoblauchzehen	schwarzer Pfeffer
1	mittelgroße Zwiebel, geviertelt	
1	mittelgroße Karotte, geviertelt	
1	Selleriestange, geviertelt	
1	Stängel frische Petersilie	
1	Stängel frisches Basilikum	
8	EL kalt gepresstes Olivenöl	

Die geschälten Tomaten durch ein Sieb direkt in einen großen Topf passieren. Die restlichen Zutaten in die Sauce rühren.

Die Tomatenmischung aufkochen und auf kleiner Flamme 30 Minuten unbedeckt unter gelegentlichem Rühren weiterkochen. Das Würzgemüse und die Kräuter mit einem Schaumlöffel herausnehmen. Die Sauce nach Bedarf salzen, pfeffern und mit Öl verfeinern.

Beiseite stellen und warm halten.

Béchamelsauce

100 g	Weizenmehl **(oder glutenfreies Mehl)**	Salz schwarzer Pfeffer
30 g	Butter	Muskatnuss
350 ml	Milch	

Für die Béchamelsauce das Mehl in einem Topf in Butter anschwitzen, bis dieses eine leicht goldene Farbe angenommen hat. Die Milch unter kräftigem Rühren mit dem Schneebesen angießen, um Klümpchenbildung zu vermeiden. Aufkochen, mit Salz, Pfeffer und Muskatnuss würzen. Vom Feuer nehmen und beiseite stellen.

Pasta & Anrichten

500 g	Büffel-Mozzarella	Olivenöl extra vergine
500 g	große Rigatoni (oder glutenfreie gerippte Röhrennudeln)	Salz
		schwarzer Pfeffer
500 ml	Tomatensauce	
50 g	Parmesan, gerieben	
250 ml	Béchamelsauce (oder glutenfreie Béchamel)	
5	Basilikumblätter, klein geschnitten	

Den Backofen auf 180 °C vorheizen.

Die Hälfte des Büffel-Mozzarellas in Streifen, die andere Hälfte in Würfel schneiden.

Die Teigwaren in kochendem Salzwasser nach der Gebrauchsanweisung auf der Packung kochen. Sind die Nudeln *al dente*, das Kochwasser abgießen und die Rigatoni sofort mit ein paar Spritzern Olivenöl in eiskaltes Wasser tauchen. Die Rigatoni aus dem kalten Wasser nehmen, mit Salz, Pfeffer und ein paar Tropfen Olivenöl (um ein Zusammenkleben zu vermeiden) in eine Schüssel geben.

In einer Auflaufform von 25 × 30 cm 1 ½ Kellen Tomatensauce (150 ml) verteilen. Die Rigatoni jeweils mit Mozzarellastreifen füllen, in die Tomatensauce legen, mit Parmesan bestreuen und mit Tomatensauce und Béchamel bedecken. Eine weitere Lage Pasta, gefolgt von Parmesan, Tomatensauce und Béchamel, einschichten. Mit Parmesan und den Mozzarellawürfeln abschließen.

Im heißen Ofen ungefähr 13 Minuten backen, bis der Mozzarella eine goldbraune Färbung angenommen hat.

Mit Basilikum bestreuen und heiß servieren.

Risotto Radicchio e Noci

Radicchio wurde vor kurzem in einer Studie der Universität von Urbino ein höherer Gehalt an Antioxidantien bescheinigt als ihn die meisten für diese Inhaltsstoffe bekannten Lebensmittel aufweisen. Sie verlangsamen den Alterungsprozess der Zellen und verhindern vor allem bestimmte Darmkrebsarten. Die Walnüsse in diesem Risotto mildern die Bitterstoffe des Radicchios ab. Genießen Sie dazu einen *Pinot Noir*.

● einfach	8 Personen	20 Minuten	Ⓥ vegan optional	ⓧ glutenfrei

ca. 1,5 l	Gemüsebrühe		Salz
100 g	Walnüsse		schwarzer Pfeffer
3	Knoblauchzehen, davon 2 ungeschält + 1 gehackt		
2	Schalotten, gehackt		
4 EL	Olivenöl extra vergine		
400 g	Radicchio, grob gehackt		
600 g	Carnarolireis		
70 ml	trockener Weißwein		
2 EL	Butter (optional)		
3 EL	Parmesan + etwas zum Bestreuen (optional)		

Die Gemüsebrühe auf niedriger Flamme in einem abgedeckten Topf warm halten.

In einer Pfanne die Walnüsse mit den ungeschälten Knoblauchzehen in Öl goldbraun rösten und mit Salz und Pfeffer würzen. Beiseite stellen.

Die Zwiebeln und den gehackten Knoblauch eine halbe Minute in einem Topf in Olivenöl anbraten. Den Radicchio dazugeben und mit Salz und Pfeffer würzen. 2 Minuten anschwitzen, dann den Reis einrühren. Eine weitere Minute braten, bis der Reis glasig und sehr heiß ist. Mit dem Wein ablöschen und unter ständigem Rühren warten, bis die Flüssigkeit aufgenommen wurde. Anschließend portionsweise die Gemüsebrühe jeweils dann angießen, wenn der Reis die Flüssigkeit wieder vollständig absorbiert hat. Durch fleißiges Rühren nimmt der Reis allmählich eine cremige Konsistenz an.

Mit Gemüsebrühe weiter ablöschen, bis der Reis bissfest ist, das heißt noch einen etwas festen Kern hat. Die Walnüsse (ohne Knoblauch) mit der Butter und dem Parmesan einrühren. Kräftig umrühren, mit Parmesan bestreuen und sofort servieren.

Das Risotto ist perfekt, wenn der Reis weder zu hart ist noch am Servierlöffel kleben bleibt.

Paccheri al Pomodoro

Paccheri sind spezielle Röhrennudeln aus Neapel, welche die jeweilige Pastasauce besonders gut „aufnehmen". Hier werden sie mit einer typisch italienischen Tomatensauce serviert. Kinder greifen bei diesem Gericht bestimmt zweimal zu. Für die Erwachsenen sollte ein guter *Lambrusco* bereit stehen.

| einfach | 6 Personen | 60 Minuten | vegan optional | glutenfrei optional |

5 EL	Olivenöl extra vergine		Salz
5	Knoblauchzehen, in Scheiben		schwarzer Pfeffer
800 g	Kirschtomaten, halbiert		Ricotta, gesalzen (optional)
1 TL	Chiliflocken		
1 EL	Tomatenpesto (siehe S. 24)		
500 g	Paccheri (oder glutenfreie Pasta)		

Das Olivenöl in einem Topf auf kleiner Flamme erhitzen, den geschnittenen Knoblauch dazugeben und 30 Sekunden braten. Die halbierten Tomaten hinzufügen, mit Chiliflocken, Salz und Pfeffer würzen und bei hoher Hitze weiterbraten. Das Tomatenpesto (aus getrockneten Tomaten) einrühren und weiterbraten, bis die Tomaten leicht angeröstet sind.

Wasser in einem Topf zum Kochen bringen. Die Pasta in sprudelndem Salzwasser nach der Gebrauchsanleitung auf der Pasta-Packung *al dente* kochen. Nicht zu weich werden lassen!

Die Paccheri abgießen und in die Tomatensauce geben. Umrühren, auf Wunsch mit reichlich gesalzenem Ricotta bestreuen und sofort servieren.

Spaghetti di Zucchine con Pomodori al Forno

Selbst die smarten Chinesen dürften kaum je auf die Idee gekommen sein, Spaghetti aus Zucchini herzustellen und mit gebratenen Tomaten zu servieren. Ein Überraschungscoup für Gäste. Ich würde das Gericht mit einem *Nero d'Avola* krönen.

| mittelschwer | 8 Personen | 30 Minuten | vegan | glutenfrei |

800 g	Zucchini		Salz
1,5 kg	Kirschtomaten, geviertelt		schwarzer Pfeffer
3	Knoblauchzehen, davon 2 in Scheiben, 1 im Ganzen		
1	mittelgroße, rote Paprikaschote, entkernt und geviertelt		
5	Basilikumblätter		
10 EL	Olivenöl extra vergine		

Die Zucchini waschen, die Enden abschneiden und das Gemüse einmal quer durchschneiden. Jedes Teilstück mit einem Spiralschneider oder einem Julienneschneider in dünne Streifen schneiden und über einem mit Küchenpapier abgedeckten Kuchengitter ausbreiten. Leicht antrocknen lassen.

Den Backofen auf 180 °C vorheizen.

In einer Backform die Tomaten, die Knoblauchscheiben, die rote Paprika, die grob gehackten Basilikumblätter, 8 EL Olivenöl, Salz und Pfeffer gründlich mischen. Im Ofen backen, bis die Tomaten gar, knusprig und süß sind (ungefähr 20 Minuten). Warm halten.

In einer großen Pfanne die ganze Knoblauchzehe mit 2 EL Olivenöl leicht anrösten. Die Zucchini dazugeben und auf großer Flamme durch ständiges Schütteln in der Pfanne rasch trocken schwenken. Mit Salz und schwarzem Pfeffer würzen.

Die gebackenen Tomaten auf eine Servierplatte geben und die sautierten Zucchini-Spaghetti darauf häufeln. Sofort servieren.

> Zucchini sind ein köstlicher, fett- & kalorienarmer Pastaersatz. Schmackhaft und sehr gesund!

Fusilli Integrali al Cavolfiore

Vollkorn-Fusilli haben die perfekte Spiralform, um die samtig, cremige Blumenkohlsauce aufzunehmen. Ein roter *Roero* aus dem Piemont unterstreicht noch das besondere Aroma.

● einfach	8 Personen	25 Minuten	vegan optional	glutenfrei optional

1 kg	Blumenkohl
4	Knoblauchzehen, ungeschält
2	Lorbeerblätter
5 EL	Olivenöl extra vergine
650 g	Vollkornfusilli (oder glutenfreie Pasta)
70 g	Parmesan, gerieben (optional)
	Salz
	Pfeffer
	Muskatnuss

Einen Dämpfeinsatz in einen Topf geben, so viel Wasser eingießen, dass der Boden bedeckt ist, und aufkochen. Den in Röschen zerteilten und gesäuberten Blumenkohl in den Einsatz füllen, zudecken und 6 Minuten dämpfen, bis der Blumenkohl bissfest ist.

In einer mittelgroßen Bratpfanne den Knoblauch und die Lorbeerblätter im Olivenöl 1 Minute schwenken. Den Blumenkohl in die Pfanne geben, mit Salz, Pfeffer und etwas Muskatnuss würzen und goldgelb rösten.

Die Pasta in sprudelndem Salzwasser nach der Gebrauchsanweisung auf der Packung *al dente* kochen. Die Fusilli abgießen und dabei einen Teil des Kochwassers zurückhalten. Die Pasta in die Blumenkohlsauce geben, den Parmesan darüberstreuen und sämtliche Zutaten vorsichtig mischen. Etwas Kochwasser angießen, falls die Sauce zu dickflüssig erscheint. Die Lorbeerblätter und die Knoblauchzehen entfernen, mit zusätzlichem Parmesan bestreuen und sofort servieren.

Ein schnelles Rezept mit köstlichem Ergebnis.

> Blumenkohl kann beim Kochen einen starken Kohlgeruch entfalten, was jedoch mit einem in Essig getauchten Stück Brot auf dem Topfboden vermieden werden kann.

Ribollita

Die sogenannte „Aufgewärmte" oder „zweimal gekochte Suppe" ist wohl eines der berühmtesten „Arme-Leute-Essen" aus der Region Arezzo und Florenz. Die *Ribollita* war traditionell *die* bäuerliche Mahlzeit für Fastenzeiten. Sie wurde stets in großen Mengen gekocht und dann an den übrigen Fastentagen aufgewärmt. Was könnte besser dazu passen als ein *Chianti Classico*?

● einfach ◯ 6 Personen ◯ 40 Minuten Ⓥ vegan ✗ glutenfrei optional

2	Knoblauchzehen, davon 1 gehackt, 1 ganz	Olivenöl extra vergine
½	Zwiebel, in Scheiben	Salz
1	Lorbeerblatt	schwarzer Pfeffer
1	Karotte, gewürfelt	
½	Selleriestange, gewürfelt	
2	Kartoffeln, gewürfelt	
150 g	Schwarzkohl	
150 g	Wirsing	
½	Lauchstange, in Scheiben	
350 ml	Gemüsebrühe	
100 g	getrocknete Cannellini-Bohnen (oder 250 g gegarte Bohnen, siehe S. 109)	
300 g	altbackenes Brot, in Scheiben (oder glutenfreies Brot)	

Den gehackten Knoblauch, die Zwiebel und das Lorbeerblatt in einem Topf in 3 EL Olivenöl bei mittlerer Hitze 1 Minute anschwitzen. Die Karotte, den Sellerie und die Kartoffeln hinzufügen, mit Salz und Pfeffer würzen und weitere 2 Minuten braten. Die Kohlsorten und den Lauch einrühren, mit Gemüsebrühe angießen und das Gemüse bissfest kochen. Die Bohnen dazugeben, noch einmal 2 Minuten weiterkochen und mit Salz und Pfeffer würzen. Beiseite stellen.

Die Brotscheiben auf ein Blech legen, mit Olivenöl beträufeln und goldbraun grillen. Jede Scheibe mit Knoblauch einreiben und mit Salz und Pfeffer würzen.

3 EL Olivenöl in eine Auflaufform von 19 × 24,5 × 5 cm geben, mit Brotscheiben auslegen und die Gemüse-Bohnenmischung darübergießen. Mit Alufolie abdecken und an einem warmen Ort warm stellen, bis angerichtet werden kann. Auch ein feuerfester Keramiktopf von 2,5 l Fassungsvermögen ist geeignet.

Das Brot nimmt die gesamte Flüssigkeit auf und sein Knoblaucharoma durchdringt das ganze Gericht.

Vor dem Servieren mit Öl beträufeln und mit Pfeffer bestreuen. Abgedeckt im Ofen aufwärmen.

Die Mischung aus den unterschiedlichen Aromen und der Textur der Gemüsesorten … ist … nun ja, einfach großartig!

Werden getrocknete Cannellini-Bohnen verwendet, werden diese als Erstes in warmem Wasser mit einer Prise Natron über Nacht oder mindestens 6 Stunden vorher eingeweicht. Anschließend die Bohnen abgießen, abbrausen, in einen Topf füllen, die doppelte Menge Wasser angießen, salzen und weich kochen. Die Bohnen erneut abgießen und das Kochwasser vorhalten, da es ein Bestandteil der Brühe ist, in der die Suppe gekocht wird.

Farfalle Ricotta e Noci

Schmetterlings-Nudeln sind aufgrund ihrer interessanten Form eine besonders bei Kindern beliebte Pastasorte. Der Ricotta passt perfekt zu Nüssen, und mit einem jungen Rotwein wie dem *Grignolino* wird es ein Festessen.

- einfach
- 4 Personen
- 30 Minuten
- glutenfrei optional

3	Zehen Knoblauch
5 EL	Olivenöl extra vergine
80 g	Walnüsse, gehackt
250 g	frischer Ricotta
80 g	Parmesan, gerieben
40 ml	Milch
5	Basilikumblätter
350 g	Farfalle-Pasta
	(oder glutenfreie Pasta)

Salz
schwarzer Pfeffer
getrocknete Tomaten, in Streifen geschnitten

Die Knoblauchzehen in Olivenöl in einer mittelgroßen Pfanne eine halbe Minute anbraten. Die Walnüsse, Salz und schwarzen Pfeffer dazugeben und weitere 2 Minuten leicht anbräunen.

Den Ricotta, den Parmesan, die Milch, Salz, die Hälfte des Basilikums sowie schwarzen Pfeffer unter die Walnüsse mischen, umrühren und eine Minute erhitzen. Die Knoblauchzehen herausnehmen. Die Sauce beiseite stellen.

Die Farfalle in sprudelndem Salzwasser nach der Gebrauchsanweisung auf der Packung *al dente* kochen. Die Pasta abgießen und eine kleine Menge Kochwasser aufbewahren. Die Pasta unter die Ricottamischung heben, eine Kelle Kochwasser dazugeben und alles miteinander vermischen.

Mit Olivenöl beträufeln, mit dem restlichen Basilikum, den Streifen von getrockneten Tomaten und schwarzem Pfeffer bestreuen.

Riso Venere con Lenticchie

Schwarzer Reis war in China einst dem Kaiser und seinem Hofstaat vorbehalten. Nach Europa kam er vor 20 Jahren. Ich trinke dazu einen *Spumante Aversa Asprinio*.

● einfach   ○ 8 Personen   ⏱ 40 Minuten   Ⓥ vegan   ⊗ glutenfrei

Linsen

2 EL	Olivenöl extra vergine	200 g	Linsen, gewaschen und abgetropft
50 g	Zwiebeln, gehackt	700 ml	Gemüsebrühe
1	Knoblauchzehe, klein gehackt	100 g	reife Tomaten, gewürfelt
100 g	Zucchini, gewürfelt	2 EL	Petersilie, gehackt
100 g	Kürbis, in Würfeln		Salz
2 TL	Kurkuma (Pulver)		schwarzer Pfeffer
1	Lorbeerblatt		

Gemüse

50 g	Zwiebeln, gehackt	100 g	Zucchini, gewürfelt
100 g	Karotten, gewürfelt	1 EL	Petersilie, gehackt
30 g	Stangensellerie, gehackt	2 EL	Olivenöl extra vergine

Risotto

2 l	Gemüsebrühe	80 g	Zwiebeln, gehackt
700 g	schwarzer Venus-Reis (Riso Venere aus dem Piemont), gewaschen und abgetropft	1	Knoblauchzehe, fein gehackt
		3	EL Olivenöl extra vergine

Für die Linsen: Das Öl in einem mittelgroßen Stieltopf erhitzen und die Zwiebeln, den Knoblauch, die Zucchini und den Kürbis anschwitzen. Die Kurkuma, das Lorbeerblatt und die Linsen dazugeben, die Gemüsebrühe angießen und auf kleiner Flamme köcheln, bis das Gemüse gar ist. Die Tomaten und die Petersilie einrühren und mit Salz und Pfeffer würzen. Beiseite stellen.

Das Gemüse (ohne Petersilie) für das Risotto in einer mittelgroßen Pfanne in Olivenöl schwenken. 5 Minuten weiterdünsten, die Petersilie einrühren, mit Salz und Pfeffer würzen und beiseite stellen.

Die Gemüsebrühe in einer Stielkasserolle erhitzen und auf kleiner Flamme vorhalten. Den Reis waschen und abtropfen lassen. Die Zwiebeln und den Knoblauch mit 3 EL Olivenöl in einer mittelgroßen Pfanne anschwitzen, den Reis dazugeben und rühren. Den Reis für 1–2 Minuten braten, mit 2 Schöpfkellen heißer Gemüsebrühe ablöschen und weiterrühren, bis der Reis die Flüssigkeit absorbiert hat. Unter ständigem Rühren nach diesem Muster weitermachen. Die Garzeit des schwarzen Venere-Reises beträgt ungefähr 18–20 Minuten. Das Risotto ist fertig, sobald der Reis cremig und *al dente*, also bissfest ist. Das gebratene Gemüse unterheben und warm stellen. Den schwarzen Reis zusammen mit den Linsen servieren.

Lasagnette di Ceci al Curry

Der Bandnudeltyp *Lasagnette* bildet zusammen mit einer Kichererbsen-Curry-Sauce eine köstlich italienisch-indische Verbindung – sozusagen ein *Chana masala* mit italienischer Note. Ein *Spumante Franciacorta* passt perfekt.

● einfach	○ 8 Personen	◔ 25 Minuten	Ⓥ vegan	✗ glutenfrei optional

800 g	Kichererbsen, gekocht (oder 250 g getrocknete + 1 Prise Natron)
1,6 l	Gemüsebrühe
½	mittelgroße Zwiebel, grob gehackt
2	Knoblauchzehen
1	Lorbeerblatt
1	Rosmarinzweig
4 EL	Olivenöl extra vergine
1 TL	Currypulver
650 g	Maltagliati-Hartweizengrieß-Pasta* (oder glutenfreie Nudeln)
2 EL	Basilikumblätter, grob gehackt
	Salz

* Als *maltagliati* (schlecht geschnitten) gelten in Italien kurze, breite Bandnudelabschnitte (geriffelt, glatt, rautenförmig, mit gewelltem Rand), die früher bei hausgemachter Pasta anfielen und jetzt als eigene Pastasorten angeboten werden. (Anm. d. Übersetzerin)

Getrocknete Kichererbsen werden über Nacht mit einer Prise Natron in warmem Wasser eingeweicht. Am darauffolgenden Morgen abspülen, mit der doppelten Menge Wasser und einer Prise Salz in einen Topf geben und aufkochen. Garen, bis sie weich sind, und abtropfen lassen.

Die Gemüsebrühe erhitzen und warm halten.

Die Zwiebelstücke, den Knoblauch, das Lorbeerblatt und den Rosmarin in einem großen Topf in Olivenöl goldbraun werden lassen. Das Curry, die gekochten Kichererbsen und die Gemüsebrühe dazugeben und 8 Minuten kochen. Beiseite stellen und warm halten.

Die Pasta in sprudelndem Salzwasser nach der Packungsbeilage *al dente* kochen. Ist die Pasta fertig, diese mit einem Sieblöffel zu der Kichererbsenmischung geben.

Behutsam mischen und, wenn nötig, mit etwas Kochwasser verdünnen. Abschmecken und Basilikum sowie ein paar Tropfen Olivenöl darübergeben. Eine schnelle und köstliche Mahlzeit.

Zuppa „Caldo Verde"

Die „grüne Brühe", ein portugiesisches Nationalgericht, ist auch in Brasilien sehr beliebt. Die Basis bilden Kartoffeln und Schwarzkohl. Die Suppe ist reich an den Vitaminen A, C und K und schmeckt großartig! Ein *Cesanese del Piglio* dazu wird niemanden enttäuschen.

- einfach
- 8 Personen
- 35 Minuten
- vegan
- glutenfrei

1 kg	rote Kartoffeln, gewürfelt
160 g	weiße Zwiebeln, in Scheiben
6	Knoblauchzehen, davon 3 geschält und im Ganzen + 3 in Scheiben
6 EL	Olivenöl extra vergine
3,5 l	Gemüsebrühe
350 g	Schwarzkohl-Blätter (ohne die dicken Rippen)
	Salz
	schwarzer Pfeffer

Die Kartoffeln schälen und in Würfel schneiden.

Die Zwiebeln, den geschnittenen Knoblauch und die Kartoffeln in einem großen Topf in 4 EL Olivenöl anbraten. Mit Salz und Pfeffer würzen, 2,5 l Gemüsebrühe angießen und abgedeckt 30 Minuten auf kleiner Flamme köcheln. Einige Kartoffelwürfel beiseite stellen und den Rest in der Brühe pürieren. Die Kartoffelcreme warm halten.

Einen Teil der Schwarzkohl-Blätter zu einem Strauß fest zusammenfassen und auf einem Holzbrett mit sehr scharfem Messer in dünne, lange Streifen schneiden. Auch den Rest der Blätter auf diese Weise schneiden und alles in eine mittelgroße Schüssel geben.

Das restliche Olivenöl und den Knoblauch in einer mittelgroßen Pfanne erhitzen, den Kohl dazugeben, mit Salz und Pfeffer würzen und einige Minuten braten. Sobald der Gemüsesaft verdunstet ist, die restliche Gemüsebrühe angießen und kochen, bis der Kohl weich, aber nicht matschig ist.

Die vorgehaltenen Kartoffelwürfel unter den Kohl mischen, in die sämige Kartoffelbrühe einrühren und weitere 3 Minuten garen.

Die „Caldo Verde" mit einem Schuss Olivenöl verfeinern und servieren.

Timballo di Riso

Auch diese Reis-Timbale ist ein Rezept von Albertos Mutter. Eine echte Köstlichkeit für einen sonntäglichen Imbiss oder ein sommerliches Picknick. Haben Sie einen *Dolcetto* im Keller?

 mittelschwer   8 Personen   45 Minuten   glutenfrei optional

Tomatensauce

800 g	geschälte, ganze Tomaten aus der Dose	Salz
3	Knoblauchzehen	schwarzer Pfeffer
1	mittelgroße Zwiebel, geviertelt	
1	mittelgroße Karotte, geviertelt	
1	Selleriestange, geviertelt	
1	frischer Petersilienzweig	
1	frischer Basilikumstängel	
8 EL	Olivenöl extra vergine	

Die geschälten Tomaten aus der Dose mit einer Passiermühle direkt in einen großen Topf passieren. Die übrigen Zutaten in die Sauce mischen.

Die Tomatenmischung aufkochen und auf kleiner Flamme 30 Minuten ohne Deckel simmern lassen. Gelegentlich umrühren. Das Würzgemüse und die Kräuter mit einem Schaumlöffel aus der Sauce nehmen. Mit Salz, Pfeffer und, wenn nötig, etwas Öl würzen.

Warm stellen.

Pilzsauce

4	Knoblauchzehen, im Ganzen	Salz
1	Rosmarinzweig	schwarzer Pfeffer
6 EL	Olivenöl extra vergine	
1 kg	frische Zuchtchampignons, in Scheiben	

Während die Tomatensauce köchelt, die Pilze zubereiten.

Den Knoblauch und den Rosmarin im Olivenöl bei mittlerer Hitze eine Minute anrösten. Den Rosmarin und den Knoblauch herausnehmen, die Pilze in die Pfanne geben und goldgelb werden lassen. Ein Drittel der Pilze mit einem Rührstab pürieren. Das Püree und die restlichen Pilze gut vermengen. Mit Salz und Pfeffer würzen.

Die Pilzmasse unter die vorbereitete Tomatensauce mischen und auf dem Herd warm halten.

Timbale & Anrichten

200 g	Parboiled-Reis	Semmelbrösel
500 ml	Milch	(oder glutenfreie Semmelbrösel)
500 ml	Wasser	Salz
30 g	Butter + etwas Butter für die Springform	schwarzer Pfeffer
		Eiswasser
250 g	Fontina-Käse, in Würfeln	
70 g	Parmesan, gerieben	
3	Eier	

Den Reis unter fließendem Wasser waschen und abtropfen lassen. Beiseite stellen.

Eine Springform mit Rohrboden gut ausfetten. Eine Handvoll Semmelbrösel in die Form geben und hin und her bewegen, bis Boden und Seiten der Form gut damit ausgekleidet sind. Beiseite stellen.

Den Backofen auf 180 °C vorheizen.

Die Milch und das Wasser in einem mittelgroßen Topf zum Kochen bringen, den Reis hineingeben, umrühren und auf kleiner Flamme 7 Minuten köcheln lassen. Den Topf vom Herd nehmen, die Butter und eine Prise Salz hinzufügen und den Topf in Eiswasser abkühlen. Ist der Reis kalt, den Käse und die verquirlten Eier unterrühren und mit Salz und Pfeffer würzen. Gut mischen.

Die Reismischung in die mit Bröseln ausgekleidete Springform geben und auf Backpapier stellen, um eventuell entweichende Flüssigkeit aufzufangen. Die Springform mit Pergamentpapier abdecken und 45 Minuten im Backofen backen. Aus dem Ofen nehmen und 5–7 Minuten ruhen lassen. Dann mit Hilfe eines Backspatels aus der Form lösen und auf eine Servierplatte stürzen.

Eine Portion Pilz-Tomatensauce um die Timbale verteilen und eine Portion in die Mitte der Ringform geben.

Heiß servieren.

Pasta ai Cavolini di Bruxelles

Pasta mit Rosenkohl ist eine italienisch-belgische Koproduktion. Das herbe Aroma des Rosenkohls verbindet sich harmonisch mit Teigwaren. Ein *Merlot* ist der perfekte Begleiter für dieses Gericht.

- einfach
- 8 Personen
- 25 Minuten
- vegan optional
- glutenfrei optional

1 kg	Rosenkohl
4 EL	Olivenöl extra vergine
6	Knoblauchzehen, geschält
8	mittelgroße Salbeiblätter
650 g	Pasta (oder glutenfreie Pasta)
	Salz
	schwarzer Pfeffer
	Parmesan (optional)

Den Rosenkohl putzen, vierteln und dämpfen.

Das Öl in einer mittelgroßen Bratpfanne erhitzen und den Knoblauch und die Salbeiblätter darin leicht bräunen. Den Rosenkohl dazugeben und 10 Minuten mitbraten. Mit Salz und schwarzem Pfeffer würzen.

Die Pasta in sprudelndem Salzwasser nach Packungsbeilage *al dente* kochen. Nicht zu weich werden lassen! Abgießen und etwas Kochwasser zurückbehalten. Die Pasta unter die Rosenkohlsauce mischen.

Umrühren, alle Zutaten gründlich mischen und etwas Kochwasser angießen, 3 EL geriebenen Parmesan und etwas Pfeffer einstreuen, schwenken und mit einem Schuss Olivenöl sofort servieren.

> Rosenkohl enthält reichlich Kalium sowie Natrium, Kalzium, Phosphor und die Vitamine A und C.

Trofie Zucchine e Robiola

Trofie sind eine typisch ligurische Pastasorte. In einigen Gegenden werden die dünnen, verdrehten Nudeln noch immer von Hand um einen Draht gedreht. Hier erscheinen sie in einer Sauce aus italienischem Weichkäse und Zucchini. Gesund, leicht und aromatisch. Dazu passt ein milder Rotwein.

einfach	6 Personen	60 Minuten	vegan optional	glutenfrei optional

4	Knoblauchzehen, blättrig geschnitten
5 EL	Olivenöl extra vergine
450 g	Zucchini, gewürfelt
225 g	Frischkäse „Robiola" (oder Tofucreme)
5	Basilikumblätter, grob gehackt
150 ml	Gemüsebrühe
500 g	„Trofie"- Nudeln (oder glutenfreie Pasta)
6 TL	Parmesan, gerieben (optional)

Salz
schwarzer Pfeffer

Den Knoblauch in einer großen Stielkasserolle eine halbe Minute in Olivenöl kurz anbraten.
Die Zucchini und etwas Pfeffer dazugeben und 10 Minuten weiterbraten. Den Frischkäse, das Basilikum, Salz und Pfeffer hinzufügen sowie die Gemüsebrühe angießen.

Die Trofie in sprudelndem Salzwasser gemäß der Gebrauchsanweisung auf der Packung bissfest kochen. Abgießen und einen Teil des Kochwassers zurückbehalten. Die Pasta unter die Zucchinisauce heben, vorsichtig mischen, die Hälfte des Parmesans und bei Bedarf etwas Kochwasser einrühren.

Sofort mit Parmesan und Pfeffer bestreut servieren.

Cous Cous alla Montali

Montali trifft Marokko. Couscous wurde ursprünglich aus grob gemahlenem Hartweizen hergestellt. Hier eine aromatische Gewürzmischung für ein bekanntes und beliebtes Gericht. Ein *Est! Est ! Est! di Montefiascone* rundet es genial ab.

● einfach	◯ 8 Personen	⏱ 30 Minuten	Ⓥ vegan	✗ glutenfrei optional

145 g	Zwiebeln, fein gehackt
2	Knoblauchzehen, gehackt
40 g	frischer Ingwer, geschält und gehackt
8 EL	Olivenöl extra vergine
1 EL	Currypulver
520 g	Zucchini, gewürfelt
300 g	Blumenkohl, in kleinen Röschen
150 g	Kürbis, gewürfelt
250 g	Karotten, gewürfelt
80 g	Erbsen
2 EL	Pinienkerne, leicht angeröstet
2 EL	Rosinen (in heißem Wasser quellen lassen und abgießen)
3 EL	Petersilie, gehackt
400 g	Couscous (oder glutenfreier Couscous)
800 ml	Gemüsebrühe

Salz
schwarzer Pfeffer
Chili

Die Zwiebeln, den Knoblauch und den Ingwer in 6 EL Olivenöl in einem großen Topf eine Minute anbraten. Das Currypulver und das Gemüse dazugeben und mitbraten, bis es bissfest ist. Die Pinienkerne, die Rosinen und die Petersilie unterheben. Mit Salz und Pfeffer würzen und warm halten.

Den Couscous in einem mittelgroßen Stieltopf im restlichen Olivenöl goldbraun anrösten. Die Gemüsebrühe aufkochen und den Couscous damit ablöschen. Umrühren, mit Salz würzen, sofort abdecken, vom Feuer nehmen und 10 Minuten quellen lassen. Den Deckel entfernen und mit einer Gabel auflockern.

Zusammen mit dem pikanten Gemüse, etwas Petersilie und einem Schuss kalt gepresstem Olivenöl heiß servieren.

Fusilli Ricotta e Cipolle Rosse

Fusilli sind schmackhafte Spiralnudeln, die sich hier perfekt mit den Aromen von Ricotta und roten Zwiebeln verbinden. In Italien gilt die rote Zwiebelsorte „Tropea" als die beste Wahl für dieses Gericht. Ein *Primitivo di Manduria* dazu ist Genuss pur!

● einfach　　◐ 8 Personen　　⏱ 20 Minuten　　✕ **glutenfrei optional**

---

4 EL	Olivenöl extra vergine
1 EL	schwarze Senfsaat, ganze Körner
200 g	rote Zwiebeln, in Scheiben
500 g	Ricotta
4 EL	Parmesan
650 g	Fusilli (oder glutenfreie Pasta)
	Salz
	schwarzer Pfeffer

Das Olivenöl in einer mittelgroßen Schwenkkasserolle auf niedriger Flamme 1 Minute erhitzen. Die Senfkörner hineingeben und 1 Sekunde platzen, also „poppen", lassen. Die Zwiebelringe hinzufügen und abgedeckt dünsten, bis die Zwiebeln weich und süß sind. Die Käsesorten einrühren, mit Salz und Pfeffer würzen.

Die Fusilli in sprudelndem Salzwasser nach der Gebrauchsanweisung auf der Packung bissfest kochen. Die Pasta abgießen und etwas Kochwasser zurückbehalten. Die Nudeln umgehend in die Ricotta-Zwiebelsauce geben. Sämtliche Zutaten gut verrühren, einen Schuss Olivenöl darübergeben und servieren.

Ist die Pastamischung zu trocken, mit etwas Kochwasser verdünnen.

Insalata di Riso

Dieses bunte Reisgericht ist der perfekte Begleiter für heiße Sommertage. Die hier angegebenen Zutaten sind jederzeit ersetzbar – je nachdem, was Sie in Ihrer Küche gerade vorrätig haben –, und daher ist der Reissalat ideal zur Resteverwertung. Servieren Sie ihn mit einem gut gekühlten *Orvieto Classico*.

 einfach   8 Personen   30 Minuten   **vegan optional**   **glutenfrei**

Den Reis 12 Minuten in sprudelndem Salzwasser kochen. Abgießen, gut abtropfen lassen und im Eiswasserbad abkühlen.

Die vorbereiteten Zutaten in einer großen Schüssel mischen, den kalten Reis unterheben, mit Klarsichtfolie abdecken und die Schüssel in den Kühlschrank stellen.

Das beste Sommergericht.

600 g	Reis	Salz
80 g	schwarze Oliven, in Scheiben	schwarzer Pfeffer
80 g	grüne Oliven, in Scheiben	Eiswasser
16 g	Schnittlauch, gehackt	
300 g	Emmentaler, gewürfelt (oder Tofu)	
300 g	rote Paprika, gewürfelt	
160 g	Cornichons	
200 g	eingelegte Pilze	
80 g	eingelegte Perlzwiebeln	
180 g	Zuckermais, gekocht	
300 g	Kirschtomaten, grob gehackt	
3 EL	Petersilie, gehackt	
1 EL	Pfefferminzblätter, gehackt	
70 g	Kapern, eingelegt	
70 g	Karotten, gewürfelt	
70 g	Stangensellerie, gewürfelt	
1 EL	Balsamico-Essig	
4 EL	Olivenöl extra vergine	

Gnocchi di Zucca alla Rodrigo

Die Kürbis-Gnocchi unseres Souschefs Rodrigo sind, wie sich das bei einem echten Brasilianer gehört, sehr würzig. Genießen Sie das Gericht mit einem Glas guten *Bardolino*.

● schwierig   ◌ 6 Personen   ◔ 60 Minuten   Ⓥ **vegan optional**

---

600 g	frischer Hokkaidokürbis, Kerne ausgeschabt (oder 300 g, wenn bereits gekocht)	Muskatnuss Salz schwarzer Pfeffer Zimtpulver
150 g	rotschalige Kartoffeln, ungeschält (oder 135 g, wenn bereits gekocht)	
1	Eigelb	
120 g	Weichweizenmehl	
120 g	Hartweizenmehl + etwas zum Bestäuben	
3	Knoblauchzehen	
6	mittelgroße Salbeiblätter	
150 g	Butter **(oder Olivenöl extra vergine)**	

Den Backofen auf 180 °C vorheizen.

Den Kürbis im heißen Ofen ungefähr 30 Minuten backen, bis sich die Schale mit einer Gabel leicht anstechen lässt. Aus dem Ofen nehmen. Etwas abkühlen lassen, das Kürbisfleisch (ohne Kerne) ausschaben und mit einer Gabel zerdrücken. Beiseite stellen und erkalten lassen.

Die Kartoffeln in der Schale kochen und schälen. Durch eine Kartoffelpresse auf eine bemehlte Arbeitsfläche drücken. Ist die Kartoffelmasse kalt, das Kürbisfleisch mit dem Eigelb, etwas Muskatnuss, Salz und Pfeffer einarbeiten und mit den Händen gut durchkneten. In kleinen Portionen die Mehlsorten dazugeben, bis der Teig nicht mehr an den Fingern kleben bleibt.

Mit einem Kuchenspatel ein Viertel des Teiges abtrennen, zu einer 1,5 cm langen Rolle formen und in kleine Stücke schneiden. Den Zeigefinger sanft in die Mitte eines Stücks drücken und zu einer ovalen Form rollen. Auch den restlichen Teig auf diese Weise verarbeiten. Die Gnocchi mit etwas Hartweizenmehl bestäuben, damit sie nicht zusammenkleben. Auf ein bemehltes Brett legen und beiseite stellen.

Den Knoblauch und den Salbei in der Butter rösten, bis diese eine leichte Färbung angenommen hat. Den Knoblauch herausnehmen und beiseite stellen.

In einem großen Topf leicht gesalzenes Wasser aufkochen. Die Flamme klein drehen und die Gnocchi hineingleiten lassen. Sobald die Gnocchi an die Oberfläche kommen, mit einem Schaumlöffel herausnehmen und in die Pfanne mit der Salbeibutter geben. Die Gnocchi vorsichtig umrühren und mit Salz und Zimtpulver bestreuen. Sofort servieren.

Farro alla Montali

Dinkel (italienisch *farro*) ist eine alte Getreideart und gehörte bei den römischen Legionen wegen seiner Haltbarkeit zur Standard-Verpflegung. Nachdem er Jahrhunderte aus dem Nahrungsangebot verschwunden war, wird er heute aufgrund seiner wertvollen Inhaltsstoffe wieder vermehrt angebaut. In Italien leitet sich das Wort *farina* für „Mehl" von *farro* ab. Ein *Aglianico del Vulture* macht daraus ein Highlight.

● einfach ◯ 6 Personen ◷ 60 Minuten Y vegan optional ✕ glutenfrei optional

500 g	Dinkel (oder Vollkornreis)
1	mittelgroße Schalotte, gehackt
1	Knoblauchzehe, fein gehackt
40 g	Stangensellerie, gehackt
40 g	Karotten, gewürfelt
50 g	Blumenkohlröschen
30 g	Erbsen
250 ml	Gemüsebrühe
6	Kirschtomaten, geviertelt
50 g	rote Paprikaschote, in feinen Streifen
4 EL	Parmesan, gerieben + etwas zum Servieren (optional)
1 EL	Butter (oder Olivenöl extra vergine)
2 EL	Petersilie, gehackt + etwas zum Servieren

Olivenöl
Salz
schwarzer Pfeffer

Den gewaschenen Dinkel in eine Schüssel geben, mit der doppelten Menge Wasser bedecken und 15 Minuten einweichen.

Die Schalotte und den Knoblauch in einer Stielkasserolle in Olivenöl ½ Minute anschwitzen. Das Gemüse, Salz und Pfeffer dazugeben und 2 Minuten dünsten.

Den Dinkel abgießen und unter das Gemüse heben. Die heiße Gemüsebrühe angießen und den Dinkel darin unter Rühren weich kochen.

Die Tomaten und die Paprikastreifen einrühren, von der Kochstelle nehmen, den Parmesan, die Butter und die Petersilie dazugeben und alles gut vermischen. Mit Parmesan und Petersilie bestreut servieren.

Riso e Patate della Nonna Wanda

Das Rezept für Reis mit Kartoffeln, ein bäuerliches Gericht aus der Gegend von Neapel, stammt von Albertos Großmutter. Eine ausgesprochen wärmende Speise für kalte Wintertage. Ein *Cabernet Sauvignon* macht es perfekt.

- einfach
- 8 Portionen
- 20 Minuten
- vegan optional
- glutenfrei

400 g	Carnarolireis
50 g	Zwiebeln, gehackt
2	Knoblauchzehen, fein gehackt
4 EL	Olivenöl extra vergine + etwas zum Beträufeln
400 g	Kartoffeln, geschält und gewürfelt
100 g	Stangensellerie, gewürfelt
70 ml	trockener Weißwein
1,5 l	Gemüsebrühe
1 EL	Butter (oder Sojasahne)
2 EL	Parmesan, frisch gerieben (oder geröstete Semmelbrösel)
2 EL	Petersilie, gehackt

Den Reis waschen, in einem Sieb abtropfen lassen. Beiseite stellen.

In einem Stieltopf die Zwiebeln und den Knoblauch in Olivenöl 1 Minute anschwitzen. Den Reis, die Kartoffeln und den Sellerie dazugeben, ständig rühren, bis die Flüssigkeit absorbiert ist, ohne dass der Reis anbrennt. Den Wein angießen und weiterrühren, bis der Reis ihn vollständig aufgenommen hat. Erst dann eine Schöpfkelle heiße Gemüsebrühe angießen und den Vorgang wiederholen.

Immer wenn der Reis fast trocken ist, weiter schöpfkellenweise Flüssigkeit hinzugeben. Ständiges Rühren ist wichtig, um ein Anbrennen zu vermeiden.

Beim Garen nimmt das Gericht eine samtige Konsistenz an, weil der Reis durch die Flüssigkeit und das unermüdliche Rühren seine Stärke freisetzt. Das Risotto ist fertig, sobald die Reiskörner *al dente*, also im Inneren noch bissfest sind (die gesamte Kochzeit beträgt ungefähr 12 Minuten).

Den Topf von der Kochstelle nehmen, die Butter, den Parmesan und die Hälfte der Petersilie kräftig in das Risotto einrühren, um seine weiche, cremige Beschaffenheit noch zu optimieren.

Das Risotto umgehend mit Parmesan und der restlichen Petersilie bestreuen, mit etwas Olivenöl beträufeln und sofort servieren.

Pappardelle ai Carciofi

Die breiten Bandnudeln sind typisch für die Toskana und Emilia Romagna und werden häufig mit schweren Fleischsaucen serviert. Eine köstliche Pastasorte, die sich in diesem Fall harmonisch mit einer Artischockensauce verbindet. Versuchen Sie dazu einen roten *Genazzano*.

| einfach | 8 Personen | 30 Minuten | vegan | glutenfrei optional |

1	Bio-Zitrone
8	frische, junge Artischocken
4	Knoblauchzehen
1	Rosmarinzweig
1	Lorbeerblatt
700 g	Pappardelle-Bandnudeln (oder glutenfreie Pasta)
3 EL	Petersilie, gehackt

Olivenöl extra vergine
Salz
schwarzer Pfeffer, frisch gemahlen

Eine Schüssel mit kaltem Wasser füllen, die Zitrone halbieren, den Saft in das Wasser pressen und die beiden ausgepressten Hälften mit hineingeben.

Den oberen Teil (ungefähr ein Drittel) der Artischocke abschneiden.

Den Stiel bis auf ca. 5 cm abschneiden und mit einem kleinen scharfen Messer die faserige Haut vom Anschnitt her abschälen. Die zuoberst ansetzenden Blätter einschneiden und abziehen. Vom abgeschnittenen Stiel ebenfalls die faserige Haut abschälen, den Stiel in kleine Abschnitte schneiden und in das Zitronenwasser geben.

Von unten angefangen, die dunklen, zähen Schuppenblätter mit den Fingern ringsum abziehen, bis hellgrüne Blätter zum Vorschein kommen.

Die Artischocken vierteln und die inneren Härchen (das Heu) herausnehmen. Sämtliche Artischocken säubern, vierteln und in das Zitronenwasser geben, um ein Anlaufen zu vermeiden.

Nach 15 Minuten aus dem Zitronenwasser nehmen, den verbliebenen Stielansatz abschneiden und die Viertel noch einmal halbieren.

In einer mittelgroßen Stielkasserolle Olivenöl erhitzen und den Knoblauch, den Rosmarin, das Lorbeerblatt und die Artischocken-Achtel hineingeben, mit Salz und Pfeffer würzen, abdecken und weich dünsten.

In einem Topf Wasser mit einem Schuss Olivenöl aufkochen und die Pasta *al dente* garen. Abgießen und dabei etwas Kochwasser zurückbehalten. Es ist reich an Stärke und beim Anrichten der Sauce hilfreich.

Die Pappardelle zu den gebratenen Artischocken geben. Etwas Kochwasser angießen, die gehackte Petersilie und etwas Olivenöl unterrühren und sofort servieren.

Gumbo

Hier ein Rezept von unserem Souschef Cleophus. Wir haben ihn gebeten, ein eigenes Rezept vorzustellen, und seine Wahl fiel auf dieses typische Cajun-Gericht. Eine ausgezeichnete Idee!

 schwierig   6 Personen   🕒 30 Minuten

Eintopfgericht

4 EL	Mehl
4 EL	Butter
50 g	Zwiebeln, fein gewürfelt
50 g	Paprika, fein gewürfelt
50 g	Stangensellerie, gewürfelt
2	Knoblauchzehen, gepresst
2,5 l	Gemüsebrühe

Cajun-Gewürz

je ½ TL	Koriander, frisch in einem Mörser zerstoßen
	Kreuzkümmel, frisch gemahlen
	Paprikapulver
	Chili
	Oregano (frisch oder getrocknet)
	Thymian (frisch oder getrocknet)
	Salz
	schwarzer Pfeffer, frisch gemahlen

Seitan (Fleischersatz)

1	Schalotte, fein gewürfelt
1	Knoblauchzehe, fein gewürfelt
2 EL	Olivenöl extra vergine
400 g	Seitan (Weizengluten), gewürfelt

Reis

550 ml	Gemüsebrühe
1	Schalotte, fein gehackt
1	Knoblauchzehe, fein gehackt
1 ½ EL	Olivenöl extra vergine
300 g	Parboiled-Reis, gewaschen
	Salz
	schwarzer Pfeffer

Für den Seitan die Schalotte und den Knoblauch 1 Minute in Olivenöl auf kleiner Flamme anschwitzen. Den Seitan dazugeben und 6 Minuten bräunen.

Für die dunkle Mehlschwitze (Roux) das Mehl bei mittlerer Flamme unter ständigem Rühren in der Butter anschwitzen, bis eine milchschokoladenbraune Masse entstanden ist. Sie sollte erdnussbuttrig duften und auf keinen Fall verbrannt riechen. Ist die Schwitze angebrannt, muss der Vorgang wiederholt werden, sonst bekommt das Gumbo eine bittere Geschmacksnote. Eifrig rühren, damit nichts überkocht. Dieser Vorgang ist sehr wichtig, denn die Qualität des Gumbo hängt vorrangig von der Schwitze ab.

In einer Schale das Cajun-Gewürz anmischen.

Das vorbereitete Gemüse in den Topf mit der fertigen Mehlschwitze geben. 6–8 Minuten in der Roux andünsten. Mit heißer Gemüsebrühe angießen, mit der Cajun-Mischung würzen und aufkochen. 30–40 Minuten auf kleiner Flamme köcheln, damit die Roux den Gumbo andickt und die Gemüse gar werden.

Den Seitan in die Mischung geben und gut umrühren, um alle Zutaten gut zu verteilen.

Für den Reis den Gemüsebrühe aufkochen und auf kleiner Flamme köcheln lassen. In einer Stielkasserolle die Schalotte und den Knoblauch in Olivenöl dünsten. Den Reis einrühren. Sobald die Flüssigkeit verdampft ist, die Gemüsebrühe angießen, mit Salz und Pfeffer würzen, abdecken und aufkochen. Wenn der Reis kocht, die Hitze verringern und einen Holzlöffel zwischen Topfrand und Deckel legen. Den Reis köcheln lassen, bis die Flüssigkeit absorbiert ist. Den Reis sanft mit einer Gabel auflockern.

Reis und Gumbo sehr heiß servieren.

Gumbo, im 18. Jahrhundert im Süden Louisianas entstanden, ist ein mit dunkler Mehlschwitze angedicktes Eintopfgericht mit Fleisch, Geflügel oder Schalentieren. Grundlagen sind die Mehlschwitze „Roux" und die sogenannte „Dreifaltigkeit" der Cajun-Küche: Staudensellerie, grüne Paprika und Zwiebeln. Die wichtigste und schwierigste Zutat ist nach kreolischer und Cajun-Tradition die Mehlschwitze. Als ich in Louisiana arbeitete, konnte ich glücklicherweise diese Kunst erlernen, so dass es mich natürlich reizte, eine vegetarische Variante auszuarbeiten. Das Ergebnis hat mir sehr gefallen, und ich hoffe, das geht denjenigen genauso, die das Rezept nachkochen.

Pasta Fredda Melone e Gorgonzola

Vielleicht ist es schwer vorstellbar, aber kalte Pasta mit Melone und Gorgonzola ist eine köstliche und schnelle Kombination für heiße Sommertage. Versuchen Sie dieses Gericht mit einem gut gekühlten *Muller Thurgau* aus dem Norden Italiens.

● einfach　　◐ 6 Personen　　🕒 30 Minuten　　✗ **glutenfrei optional**

240 g	kurze Pasta
90 g	Pinienkerne
600 g	Cantaloupe-Melone, gewürfelt
120 g	Gorgonzola, gewürfelt
150 g	sizilianischer Pecorino „Primo Sale", gewürfelt
60 g	rote Zwiebeln, fein gehackt
1 EL	Petersilie, gehackt
½ EL	Schnittlauch, gehackt
3	Tropfen grüner Tabasco
½ TL	Pfefferminze, gehackt
3	Tropfen Zitronensaft
1 TL	Apfelessig
200 g	Rucola, gehackt, zum Garnieren

Salz
Olivenöl extra vergine
schwarzer Pfeffer
Chilipulver

Die Pasta in sprudelndem Salzwasser gemäß der Anweisung auf der Packung *al dente* kochen. Abgießen, im kalten Wasserbad abkühlen und mit Olivenöl beträufeln. Beiseite stellen.

In einer Stielkasserolle die Pinienkerne ohne Fett goldgelb rösten. Beiseite stellen.

In einer großen Schüssel sämtliche Zutaten mit der kalten Pasta gut vermengen und mit gehacktem Rucola bestreuen.

Conchiglie alla Zucca

Muschelnudeln mit Kürbissauce ist eines unserer Lieblings-Pastagerichte. Einfach in der Zubereitung und köstlich. Machen Sie lieber mehr als zu wenig. Die Familie dankt es Ihnen. Dazu passt ein *Biferno Rosso*, ein ganz besonderer Wein aus der Region Molise.

| einfach | 4 Personen | 25 Minuten | vegan optional | glutenfrei optional |

60 g	Zwiebeln, gehackt
2	Knoblauchzehen, gehackt
5 EL	Olivenöl extra vergine + zum Beträufeln
1	Salbeizweig
450 g	Kürbis, gewürfelt
1	Petersilienstängel
250 g	Muschelnudeln (oder glutenfreie Pasta)
1 EL	Sahne (optional)
	Salz
	schwarzer Pfeffer
	Muskatnuss
	Parmesan, gerieben (optional)

In einem Stieltopf die Zwiebeln und den Knoblauch in Öl eine Minute anschwitzen. Den Salbei und den Kürbis dazugeben, abdecken und auf kleiner Flamme 5 Minuten dünsten. Anschließend die Petersilie, Salz, Pfeffer, Muskatnuss, und, nach Bedarf, ein oder zwei Kellen heißes Wasser angießen. Auf kleiner Flamme die Kürbiswürfel weich garen. Den Salbei- und den Petersilienzweig entfernen und heftig rühren, damit eine cremige Sauce entsteht.

Die Teigwaren in sprudelndem Salzwasser nach Angaben auf der Packung bissfest kochen. Abgießen und etwas Kochwasser zurückbehalten. Die Muschelnudeln in die Kürbissauce geben, die Sahne hinzufügen und vorsichtig umrühren. Wenn nötig, zusätzlich etwas Kochwasser angießen.

Sofort mit geriebenem Parmesan bestreuen und mit kalt gepresstem Olivenöl beträufeln.

Risotto alle Fragole

Bei einem Erdbeer-Risotto denken viele an einen Nachtisch. Weit gefehlt! Erdbeeren haben einen hohen Fruchtsäuregehalt. Ihr Aroma nutzen wir hier für ein fruchtig-saftiges Risotto. Dazu empfiehlt sich ein gut gekühlter *Prosecco di Conegliano Valdobbiadene*.

- einfach
- 8 Personen
- 25 Minuten
- glutenfrei

700 g	Erdbeeren, geviertelt + 8 Erdbeeren, in Scheiben, zum Garnieren
2 EL	roter Portwein
1 TL	Crème de Cassis
600 g	Carnarolireis
2	Schalotten, fein gehackt
1	Knoblauchzehe, fein gehackt
100 ml	Vino frizzante secco (trockener Perlwein)
2 l	Gemüsebrühe
50 g	Butter
1 EL	Mascarpone
2 EL	Parmesan, frisch gerieben
	Olivenöl extra vergine
	Salz
	schwarzer Pfeffer
	Balsamico-Reduktion (optional)

In einem mittelgroßen Stieltopf die Erdbeeren, den Portwein und die Crème de Cassis mischen. Auf kleiner Flamme 5 Minuten dünsten, von der Kochstelle nehmen. Ein Drittel der Erdbeermenge mit einer Gabel pürieren und beiseite stellen. Die übrigen Erdbeeren vorhalten.

Den Reis waschen und in einem Sieb abtropfen lassen.

Die Zwiebeln und den Knoblauch in einem großen Stieltopf in 4 EL Olivenöl anrösten. Den Reis einrühren und unter ständigem Rühren bei mittlerer Hitze braten. Mit dem Perlwein ablöschen und weiterrühren, bis der Wein vollkommen absorbiert ist. Anschließend kellenweise Brühe hinzufügen und rühren, bis die Flüssigkeit jeweils aufgenommen worden ist.

Mit der vierten Kelle Brühe das Erdbeerpüree in den Reis geben und gründlich vermengen. Die Erdbeeren lösen sich im Risotto völlig auf und färben es rosarot. Weiter kellenweise Gemüsebrühe angießen, bis der Reis bissfest ist. Den Topf von der Kochstelle nehmen, die restlichen Erdbeeren, die Butter, den Mascarpone, den Parmesan sowie Salz und Pfeffer unterheben. Kräftig rühren, bis eine homogene, cremige Mischung entsteht. Mit den in dünne Scheiben geschnittenen Erdbeeren und etwas Balsamico-Reduktion garnieren.

Das Team

In der Gastronomie erweist sich die Zeit vor einer Neueröffnung als die schwierigste. Das ist der Tatsache geschuldet, dass neues Personal eingestellt werden und man davon ausgehen muss, dass sich von zehn Neuen zwei als sehr gut, zwei als gut, zwei als so lala und zwei als totale Ausfälle ... und so weiter erweisen.

Das ist statistisch erwiesen.

Hat der Gastronom nach ein paar Monaten die Totalausfälle entlassen und den Rest auf Vordermann gebracht, wird sein Job ruhiger.

In Montali haben wir es insofern gut, da wir nur saisonweise von April bis Oktober geöffnet und damit nur ein halbes Jahr Stress gegenüber einem halben Jahr Ruhe haben.

Dafür müssen wir jede Saison aufs Neue fast das ganze Personal auswechseln. Nur wenige sind bereit zu warten und auf sechs Monate Arbeit zu verzichten. Also verabschieden wir am Saisonende alle unsere treuen Helfer und warten auf die Neuen.

Insofern stehen wir zu Beginn jeder Saison vor der in unserer Branche so gefürchteten Aufgabe, eine neue Mannschaft zusammenzustellen.

Dabei ist es kein Geheimnis, dass wir, abgesehen von den Köchen, hauptsächlich ungelernte Hilfskräfte einstellen. Geht es um den Job eines Zimmermädchens, ist dafür kaum ein Studienabschluss von Harvard oder Cambridge gefragt. Da wird nach einer freundlichen Person gesucht, die bereit ist, hart zu arbeiten. Eine heutzutage eher seltene Spezies.

In den vergangenen 25 Jahren sind uns da schon die verrücktesten Dinge untergekommen. So zum Beispiel eine jungen Slowakin, die stundenlang Küchenuniformen bügelte, ohne den Stecker in die Buchse zu stecken ... Kaum anzunehmen, dass sie in Zukunft einen Job bei Dolce & Gabbana findet.

An eines dieser Mädchen allerdings erinnern wir uns mit resigniertem Augenzwinkern.

Es handelte sich um eine junge Ungarin, die vor einigen Jahren als Saisonhelferin zu uns kam. Sie war charmant, hübsch und erzählte uns bald von ihrem Freund, den sie in Ungarn zurückgelassen hatte, um hier zu arbeiten. Wir freuten uns über ihr Glück.

Überrascht mussten wir dann feststellen – es ist kaum möglich, in einem solchen Betrieb etwas geheim zu halten – dass sie mit einem unserer Kellner im Bett gelandet war. Nun ja, so etwas kommt vor. Wie heißt es doch: „Der Geist ist willig, doch das Fleisch ist schwach". Und noch verdutzter waren wir, als sie nach zwei Wochen auch mit dem zweiten Kellner schlief! Fleischeslust hin oder her, das ging zu weit!

Nur, wer gibt uns das Recht, uns in das Liebesleben unseres Personals einzumischen?

Weitere zwei Wochen später kam ich um 22 Uhr abends zur Aufräumzeit in die Küche, als einer unserer Souschefs, ein hübscher junger Brasilianer, einen seifengetränkten Schwamm nach der jungen Ungarin warf und schrie: „Du geiles Stück, geh mir nicht immer an die Wäsche, wenn ich die Hände voll habe!"

Ich habe schon viel erlebt in meinem Leben, aber das war selbst für meine liberale Einstellung zu viel. Ich musste an unseren Ruf denken. Was folgte, war reine Notwehr.

Es war gerade Zahltag gewesen. Also knöpfte ich mir das junge Mädchen am nächsten Tag vor und eröffnete ihr freundlich, es gäbe eine bequeme Zugverbindung von Perugia nach Budapest, die zu nehmen ich ihr wärmstens empfahl.

Dann sprach ich mit dem jungen Brasilianer und legte ihm nahe, den nächsten Flug nach Rio de Janeiro zu nehmen. Schließlich war er bei vollbesetztem Restaurant für die Gäste deutlich hörbar laut und unflätig geworden.

Damit hatten wir zwar zwei Leute weniger in der Mannschaft, aber zu Beginn einer Saison war das zu verschmerzen. So durfte man im

Gegenzug in den restlichen Monaten auf einen störungsfreien Restaurant- und Hotelbetrieb hoffen.

Am nächsten Morgen allerdings musste ich fassungslos feststellen, dass die beiden Kellner, die sich mit der Ungarin „eingelassen" hatten, sich noch am vorausgegangenen Abend mit dem Mädchen davon gemacht hatten.

Von einem Tag zum anderen standen wir ohne Kellner sowie mit einem Zimmermädchen und einem Souschef weniger da.

Es folgten 20 Tage Stress pur, bis wir Ersatz gefunden hatten. Die Ungarin schien zwar das „gewisse Etwas" gehabt zu haben, dennoch fühlte ich mich ohne sie wohler.

Beim Personal ist man meistens auf einen Lebenslauf angewiesen, der oft erfunden ist, und auf ein Vorstellungsgespräch über Skype, das nicht sonderlich aussagekräftig ist.

Bewahrheitet sich die Skepsis, wurden beim Vorstellungsgespräch eben nicht „die richtigen Fragen" gestellt, wie mein Souschef meint.

Zu Saisonbeginn ist es spannend, neue Mitarbeiter kennen zu lernen und zu beobachten, wie sie sich entwickeln. Die einen meistern den Job, die anderen werfen das Handtuch. Manchmal ist da einer, von dem man denkt, der wird es nie schaffen, aber dann kommt er immer besser zurecht, erfüllt die Erwartungen. Dann wiederum scheint einer die Welt aus den Angeln heben zu wollen und streckt nach drei Wochen die Waffen.

Unser Arbeitstag ist lang. Saisonarbeit ist bekanntermaßen ein hartes Brot. Zu oft kommt es vor, dass ein Souschef bei uns anfängt und ich bald erkenne, dass aus ihm nie ein Chef de Cuisine werden wird. Eine meist traurige und viel zu häufige Erkenntnis. Dem großen Enthusiasmus am Anfang folgt die Einsicht, wie schwierig der Job ist – dass man stundenlang in der Küche steht, der Stress nicht aufhört und die Bezahlung meist nicht entsprechend ist.

Wir hatten einen ausgesprochen talentierten Souschef. Einer jener Köche, die man mit der Lupe suchen muss. Ein Mann mit feinem Geschmackssinn, hoher Professionalität und in jeder Hinsicht zupackend. Ich hätte wetten können, dass aus ihm ein Chef de Cuisine mit Michelin-Stern werden würde – stattdessen ging er nach Thailand, wurde Buddhist und Mönch.

Das Leben ist voller Überraschungen.

Dennoch ist es für uns „Oldies" immer ein Vergnügen, mit jungen Leuten zusammenzuarbeiten, sie mit all ihren Ambitionen und Fähigkeiten zu beobachten. Leider fehlt es ihnen in wachsendem Maße an Konzentration und professioneller Einstellung, Eigenschaften wie sie in meiner Zeit noch üblich waren. Aber ich will nicht antiquiert klingen. Ich genieße es, an die Jungen, die ihren Job lieben, meine Erfahrungen weiterzugeben.

Vor zwei Jahren kam eine junge, charmante ungarische Kellnerin zu uns. Sie war Absolventin einer Hotelfachschule in ihrer Heimat und hatte in einigen First-Class-Hotels gearbeitet.

Sie blieb eine Saison bei uns, und angesichts unserer gehobenen Ansprüche, was die Servicetechnik betrifft, müssen wir ihr häufig zugesetzt haben. Trotzdem war sie eifrig bei der Sache, wollte lernen, wollte perfekt werden. Und sie hat es erreicht. Es war eine Freude zu sehen, dass da jemand war, der sich fortbilden und nicht nur den Sommer über Geld verdienen wollte.

Nach ihrem Abschied schrieb sie uns, dass sie sich für einen Job als Hotelmanagerin in einem der besten Hotels in Florenz beworben, aber Angst habe, nicht gut genug zu sein, nicht gut genug Italienisch zu sprechen.

Aber nachdem sie ein halbes Jahr hier bei uns trainiert worden war, konnten wir sie beruhigen, rieten ihr, sich keine Sorgen zu machen, denn sie habe eine Ausbildung genossen, wie sie kaum ein First-Class-Hotel hätte bieten können. Sie hat den Job bekommen und Karriere gemacht – wie fast alle die guten jungen Leute, die in Montali eifrig an sich gearbeitet haben.

Das Leben ist hart und es wird nicht leichter. Also muss man sich anstrengen, und das macht alles noch schwieriger. Aber ohne professionelle Einstellung zur Arbeit hat man keine Chance.

Nur die Harten kommen in den Garten!

Vegetarische Restaurants

Ein vegetarisches Restaurant zu führen ist keine einfache Aufgabe. Vielen Etablissements ist nur eine kurze Lebensdauer beschieden. Ein besonders schwieriges Terrain für diese Branche ist Italien.

Wenn's ums Essen geht, sind Italiener sehr konservativ. Nichts darf von jener unfehlbaren Kochkunst abweichen, welche die italienische „Mamma" seit 2000 Jahren zelebriert. Wobei die italienische „Mamma" nicht einmal weiß, was „vegetarisch" bedeutet.

Ein vegetarisches Restaurant in Umbrien hat es besonders schwer, denn die regionale Küche ist äußerst fleischlastig. In dieser Küche dominieren nicht nur Fleisch, sondern vor allem Wild und Wildgeflügel.

Ein vegetarisches Restaurant, das zudem einsam auf einem Bergrücken liegt, ist eigentlich ein Unding, grenzt an wirtschaftlichen Selbstmord. Legt man einem Wirtschaftsberater einen entsprechenden Unternehmensplan vor, dann stehen Sie schneller wieder draußen als Sie hineinkamen. Dennoch ist hin und wieder jemand so naiv, sich auf ein solches Abenteuer einzulassen – das in London und New York natürlich auf wesentlich fruchtbarerer Boden fällt.

Wir von Montali haben sicher den steinigeren Weg gewählt – abgelegen, im Hügelland und als einzige Verbindung zur Außenwelt eine vier Kilometer lange Schotterstraße.

Dennoch haben wir es nach 25 schwierigen Jahren irgendwie geschafft, im Geschäft zu bleiben. Natürlich ist das ein hartes Stück Arbeit gewesen. Wenn unsere Gäste den weiten Weg zu uns in die Berge finden, mussten wir das von Anfang an als Anreiz nehmen, besonders gut zu sein, das Beste zu bieten.

Ich möchte nicht verhehlen, dass wir einen „maßgeschneiderten" Service bieten, der es uns ermöglicht, den gehobenen kulinarischen Standard zu halten. Unsere Gäste buchen früh und im Voraus, wir bieten eine feste Speisekarte, so dass wir stets wissen, mit wie vielen Personen wir für jeden Gang rechnen müssen und um wie viel Uhr abends dieser jeweils serviert wird. Außerdem kochen wir immer nur für maximal 30 Gäste. Damit können wir in der Küche besondere Sorgfalt walten lassen, was normalerweise in größeren Restaurants nicht möglich ist. Das bedeutet weniger Stress, denn wir wissen ja, mit wie vielen Gästen wir rechnen müssen und was sie bestellen werden.

Abgesehen von der Schwierigkeit, Menschen hoch in die Berge zu locken, erleichtert all das unsere Arbeit, und wir können mehr Zeit und Mühe auf unsere Ausgangsprodukte und auf einen kreativen Kochstil verwenden. Was wir betreiben, sind eher kulinarische Abenteuer, angesichts der Vielzahl internationaler Köche, die sich bei uns betätigen. Wir haben jedenfalls viel Spaß in unserer Küche!

In Montali beginnt um acht Uhr morgens die Arbeit in der Küche für Speisen, die um acht Uhr abends auf den Tisch kommen … Vegetarische Küche hat den Nachteil, sehr arbeitsaufwändig zu sein. Gemüse muss gewaschen, geputzt, geschnitten werden. Ganz zu schweigen von all den Broten, die wir backen, von den Marmeladen und Confits, die wir ebenso frisch herstellen wie die Pastasorten oder so zeitaufwändige Zutaten wie Blätterteig.

Kommen wir zu den unterschiedlichen vegetarischen Kochstilen. Einige vegetarische Restaurants in aller Welt haben sich etwas von dem „Hippie-Flair" ihres Ursprungs bewahrt und sind in Küche und Service auf diesem Niveau stehen geblieben.

Es gibt nur wenige Restaurants, die sich in Bezug auf Qualität und professionellen Service weiterentwickelt haben. Sie sind auch diejenigen, die Preise gewonnen, länger als zwei Jahre in der Branche überdauert und versucht haben, diesen schwierigen Kochstil in ihren Restaurants zu perfektionieren. Ihnen gilt meine Bewunderung. Jede Küche hat ihren eigenen Stil, eine eigene Interpretation und einen besonderen kreativen Anspruch in der Kombination der Zutaten.

Vegetarische Küche ist eine junge Wissenschaft. Die einschlägigen Restaurants entstanden in den Sechziger und Siebziger Jahren des 19. Jahrhunderts. Eine entsprechende kulinarische Tradition fehlte. Für viele mit höheren Ansprüchen an diesen Kochstil war es ein Sprung ins kalte Wasser. Sie versuchten, neue Geschmacksrichtungen zu entdecken und zu entwickeln.

Nach welchen Vorgaben man auch kochte, es fehlte oft der kreative kulinarische Anspruch oder eine Tradition, der man folgen, auf der man aufbauen konnte. Selbst an Kochschulen ist vegetarisches Kochen meist nicht existent.

In Montali waren wir nicht unbedingt besser, aber unsere italienische Esskultur hat uns immer in der Spur gehalten, die ihre kulinarischen Grenzen durch die besondere italienische Geschmacksrichtung und Tradition findet.

Die erste Lektion, die ein neuer Koch in unserer Küche lernt, ist, dass wir in Italien nicht wahllos „mischen". Ein Rezept muss eine harmonische Verbindung von vier – und nur vier – qualitativ hochwertigen Geschmackskomponenten sein. Man kulminiert nicht Zutat um Zutat, um eine besondere Geschmacksnote zu finden. Ein wahlloser Aromenmix kann nur im geschmacklichen Chaos enden. Wir versuchen lediglich, das beste Aroma aus jeder Zutat zu gewinnen und dafür zu sorgen, dass sie perfekt miteinander verschmelzen. Trüffel zum Beispiel gehören zu den teuersten und aromenreichsten Zutaten überhaupt, und niemand sollte auf die Idee kommen, diese in Mayonnaise zu ertränken …

Sie möchten mehr tun? Sie möchten einen zusätzlichen Gang oder zusätzliche Beilagen zubereiten? In Ordnung. Aber verstoßen Sie nicht gegen das Prinzip der vier Komponenten.

Speisen müssen eine klare Linie und Charakter haben. Dieser sollte daher nie dem „Gott des Mischwahns" geopfert werden. Eine harmonische Verbindung entsteht nur, wenn man die Fähigkeit besitzt, ein köstliches vegetarisches Sushi mit einer gefüllten Zucchiniblüte zu kombinieren.

Die hohe Kunst ist es, zwei ausgezeichnete Zutaten so zu verbinden, dass keine von beiden ihren ureigenen Reiz verliert, sondern erst in der Kombination gewinnt. Improvisierter Zutatenmix endet wie gesagt nur im „Mischmasch".

Besonders die junge Generation der Küchenchefs will unbedingt „berühmt" werden, versucht um jeden Preis, Neuheiten zu kreieren. Wenn Jahrhunderte lang niemand versucht hat, bestimmte Kombinationen zusammenzubringen, muss das wohl einen Grund haben. Natürlich ist Kreativität ein wichtiger Teil der Kochkunst. Dennoch sollte sie gewissen Regeln folgen.

Darüber hinaus wird man nicht „berühmt", indem man „Schäumchen" herstellt oder die molekulare Küche als das Nonplusultra ansieht. Molekulare Küche ist meistens, wird sie nicht perfekt beherrscht, nur Müll und reine Chemie.

Gutes Essen, handwerkliche Finesse, alles in allem eine gute Küche ist etwas anderes. Sie ist ästhetisch, hat den Zauber von Alchemie. Es ist das höchste Ziel eines Kochs, dass ihm eines Tages, nach Jahren professioneller Arbeit, diese besondere Geschmacksnote gelingen möge, die er immer im Sinn hatte, aber noch nie auf den Teller brachte. Das ist molekular, das ist perfekte Harmonie, das ist Kreativität.

Und nur darum geht es in einem guten Restaurant.

SECONDI

Triangoli di Pasta Filo & Peperoni in Agrodolce

Filoteig ist fester Bestandteil der zentralasiatischen und türkischen Küche, wo er *Yufka* heißt, was ursprünglich „dünn" und „zerbrechlich" bedeutete. Heute ist es das türkische Wort für Teig.

mittel 6 Personen 60 Minuten

Dreiecke aus Filoteig

150 g	Spinat, blanchiert und ausgedrückt	Salz
4 EL	Olivenöl extra vergine	schwarzer Pfeffer
2	Knoblauchzehen	Muskatnuss
150 g	Ricotta	Ghee oder Butterschmalz, zerlassen
1 EL	Parmesan, frisch gerieben	Sesamsamen
1	Eigelb	grobes Meersalz
4	Blätter Filoteig, Raumtemperatur	

Den Spinat klein hacken und in einer Bratpfanne in Olivenöl mit dem Knoblauch sowie Salz, Pfeffer und Muskatnuss 3 Minuten dünsten. Abkühlen lassen und die Knoblauchzehen entfernen. In einer mittelgroßen Schüssel den Ricotta, den Spinat, den Parmesan, das Eigelb sowie Salz und Pfeffer gut mischen.

Ein Blatt Filoteig von 35 × 50 cm auf Pergamentpapier auslegen, dünn mit geschmolzenem Butterschmalz bestreichen, mit einem zweiten Blatt Filoteig bedecken und erneut einpinseln. Mit einem Pizzaschneider den Teig in vier Längsstreifen schneiden. 1 EL der Spinatmasse ans untere Ende eines Teigstreifens geben, die linke Ecke über den Spinat an die rechte Seite des Streifens ziehen. Das ganze Dreieck umschlagen, so dass die untere rechte Ecke an der rechten Längsseite anliegt. Das Dreieck auf diese Weise bis zum Streifenende weiter falten. Mit Butterschmalz bestreichen, mit Sesamsamen und grobem Salz bestreuen. Den Vorgang mit dem restlichen Teig wiederholen. Ein Backblech mit Backpapier auslegen, die Dreiecke aufreihen und bei 180 °C 12 Minuten im Ofen backen.

Paprika süßsauer

500 g	rote und gelbe Paprikaschoten		2 EL	Rohrzucker
35 ml	Olivenöl extra vergine		2 EL	Balsamicoessig
100 g	Zwiebeln, in Scheiben			Salz
				schwarzer Pfeffer

Die Paprikaschoten waschen, entkernen und in 1,5 cm große Würfel schneiden. Das Olivenöl in einer Pfanne erhitzen, die Zwiebeln dazugeben und 2 Minuten braten. Die Paprikawürfel unterheben, mit Salz und frisch gemahlenem schwarzem Pfeffer würzen und auf sehr kleiner Flamme 25 Minuten weich dünsten. Den Zucker und den Balsamico hinzufügen. Eine Minute rühren.

Carciofi Ripieni

Die Artischocke, hier gefüllt, galt in der Antike als Aphrodisiakum. Sie wurde nach einem von Jupiter verführten Mädchen „Cynara" benannt, das er in eine Artischocke verwandelte. Mit einem weißen *Fiano di Avellino* ein Fest!

● schwierig	○ 4 Personen	⏱ 40 Minuten	Ⓥ vegan optional	⊗ glutenfrei optional

---

1	Bio-Zitrone
4	Artischocken
200 g	frisch gemahlene Semmelbrösel (oder glutenfreie Brösel)
15 g	Kapern, abgespült und gehackt
2	Knoblauchzehen, davon 1 feinblättrig + 1 gepresst
2 EL	Petersilie, gehackt
20 g	Pecorino Romano, frisch gerieben (oder 2 TL Bierhefe)
250 g	rotschalige Kartoffeln, geviertelt
2	Lorbeerblätter
1 EL	Rosmarinnadeln

Salz
Pfeffer
Olivenöl extra vergine

Kaltes Wasser in eine Schüssel füllen, den Saft einer Zitrone und die beiden Zitronenhälften dazugeben. Von der ersten Artischocke den oberen Teil (ungefähr ein Drittel) kappen. Den Stiel abschneiden und einen flachen Boden herstellen. Den Stiel schälen, in gleichlange Stifte schneiden und in das Zitronenwasser geben. Bei den restlichen Artischocken ebenso verfahren.

Die äußeren Schuppenblätter der Artischocke entfernen und wegwerfen. Mit einem scharfen Messer die faserigen Teile um den Boden abschälen. Die Blätter mit den Fingern auseinanderdrücken und das Heu in der Mitte mit einem Teelöffel auskratzen und wegwerfen. Dabei das Fruchtfleisch nicht beschädigen. Die Artischocken bis zur weiteren Zubereitung in Zitronenwasser legen.

In einer mittelgroßen Schüssel die Zutaten für die Füllung mischen: Semmelbrösel, Kapern, gepressten Knoblauch, 1 EL Petersilie, Käse, Salz, Pfeffer und 1 EL Olivenöl. Gut verrühren, bis die Semmelbrösel das Öl aufgenommen haben. Beiseite stellen.

Die Artischocken aus dem Wasser nehmen, mit der Schnittstelle nach unten halten, überschüssiges Wasser abschütteln und umgekehrt auf ein Küchenpapier legen und abtropfen lassen.

In einem 20 cm breiten Tontopf 5 TL Olivenöl, die Kartoffeln, die Artischockenstifte (Stiel), die restliche Petersilie und den feinblättrigen Knoblauch, die Lorbeerblätter, den Rosmarin sowie Salz und Pfeffer gründlich mischen und vorhalten.

Eine Artischocke in die Hand nehmen, die Blätter auseinanderziehen, die Füllung zwischen die Blätter und ins Innere geben. Die gefüllte Artischocke in den Tontopf auf die Kartoffelmischung setzen. Mit den restlichen Artischocken auf diese Weise fortfahren, bis die Füllung aufgebraucht ist. Ein Backpergamentpapier nach der Topfform zuschneiden, über die Artischocken legen und mit einem Deckel verschließen. Auf niedriger Flamme 30 Minuten dünsten, bis das Gemüse gar und knusprig ist. Jede Artischocke sofort mit einer Portion Kartoffelgemüse anrichten und servieren.

Canederli di Zia Renata

Dieses Rezept stammt von Zia Renata, einer Tante aus Albertos Familie. Ihre Knödel sind eine Abwandlung der traditionellen Klöße aus dem Trentino/Südtirol in Italiens Norden. *Die Gelegenheit, eine Flasche exquisiten Amarone Costasera zu öffnen.*

 mittelschwer   6 Personen   60 Minuten glutenfrei optional

Semmelknödel

220 g	altbackenes Brot ohne Kruste (oder glutenfreies Brot)	Salz
75 ml	warme Milch	schwarzer Pfeffer, frisch gemahlen
50 g	Parmesan, frisch gerieben	
30 g	Pecorino Romano, frisch gerieben	
2 EL	Kapern, gehackt	
2 EL	Petersilie, gehackt	
1	kleine Knoblauchzehe, gepresst	
1	Ei	
1 EL	Olivenöl extra vergine	

Zucchinigemüse

500 g	Zucchini, gewürfelt	Salz
3 EL	Olivenöl extra vergine	schwarzer Pfeffer
¼	Zwiebel, gehackt	
2	Knoblauchzehen, fein geschnitten	
2	Basilikumblätter	
250 ml	Tomatensauce aus Dose oder Glas	
800 ml	Gemüsebrühe oder heißes Wasser	

In einer Schüssel das Brot in Milch einweichen und mit Klarsichtfolie abdecken.

Die Zucchini in Olivenöl mit der Zwiebel und dem Knoblauch goldbraun rösten. Die Basilikumblätter grob gehackt hinzugeben, die Tomatensauce einrühren und eine Minute köcheln. Die Gemüsebrühe hinzufügen, mit Salz und Pfeffer würzen. Beiseite stellen.

Das Brot aus der Milch nehmen und ausdrücken. Mit den restlichen Zutaten für die Knödel vermischen. Die Masse gut durchkneten. Jeweils ½ EL von der Brotmasse abteilen, Knödel formen und auf eine Platte legen.

Die Zucchinisauce zum Kochen bringen, die Knödel einlegen. Einen Küchenspatel über den Topfrand legen und den Deckel darauflegen. Auf diese Weise kochen die Knödel langsam und trocknen nicht aus. 20 Minuten köcheln lassen und dabei die Knödel von Zeit zu Zeit wenden. Sofort servieren.

Fagiolini allo Zenzero

Ingwer verleiht jungen grünen Bohnen eine pikante, interessante Note. Grüne Bohnen sind kalorienarm, reich an Mineral- und Ballaststoffen, Vitamin A und Kalium. Sie gehören zu fast jeder Diät, denn sie erfrischen und entwässern. Dazu passt ein Gewürztraminer aus Norditalien.

einfach	4 Personen	30 Minuten	vegan	glutenfrei optional

500 g	grüne Bohnen		Salz
2	Knoblauchzehen, ungeschält		schwarzer Pfeffer
1 EL	frischer Ingwer, geschält und gehackt		Zitronensaft
3 EL	Olivenöl extra vergine		
1 EL	Mehl (oder glutenfreies Mehl)		

Die frischen grünen Bohnen in kaltem Wasser gründlich waschen.

Eine Portion Bohnen auf ein sauberes Schneidebrett legen, parallel anordnen und die Enden beidseitig mit einem scharfen Messer abschneiden. Mit den restlichen Bohnen gleichermaßen verfahren.

In einem großen Topf Salzwasser auf mittlerer Flamme zum Kochen bringen. Die geputzten Bohnen hineingeben und unbedeckt 5 Minuten nicht ganz weich kochen. Die Bohnen in ein Sieb geben und mit eiskaltem Wasser abschrecken. Abtropfen lassen und beiseite stellen.

Den Knoblauch und den Ingwer in einer großen Stielkasserolle in Olivenöl eine Minute sautieren. Die Bohnen dazugeben, mit Salz und Pfeffer würzen und 2 Minuten dünsten. Das Mehl auf die Bohnen sieben, schwenken, um alles zu vermischen, und auf kleiner Flamme leicht anrösten.

Einen Schuss Olivenöl und ein paar Tropfen frisch gepressten Zitronensaft darübergeben und servieren.

> Die Bohnen sollten zwar nicht zu weich, aber auch nicht roh sein, denn sie enthalten ein Enzym, das roh genossen verdauungsstörend wirken kann.

Sformato di Miglio al Forno

Hirse, ein glutenfreies, aromatisches Getreide aus der Familie der Süßgräser, findet vor allem in Afrika und Asien, seltener in Europa Verwendung. Hier wird es zusammen mit Ricotta zu einem leckeren Flan verarbeitet. Dazu schmeckt ein *Montepulciano d'Abruzzo*.

- mittelschwer
- 6 Personen
- 40 Minuten
- glutenfrei optional

100 g	Hirse
1	kleine Schalotte, gehackt
1	Knoblauchzehe, gehackt
250 ml	Gemüsebrühe
200 g	Ricotta
2	Eier
4 EL	Parmesan, frisch gerieben
3	mittelgroße Zucchini
1 kg	Schwarzkohl

- Olivenöl extra vergine
- Salz
- schwarzer Pfeffer, frisch gerieben
- Butter
- Semmelbrösel (oder glutenfreie Brösel)

Die Hirse 15 Minuten in Wasser einweichen, abtropfen lassen und in einer Pfanne mit Olivenöl, der Schalotte und dem Knoblauch anrösten. Mit der Gemüsebrühe angießen und auf kleiner Flamme köcheln lassen, bis die Flüssigkeit absorbiert ist. Erkalten lassen. Den Ricotta, die Eier, den Parmesan, Salz und Pfeffer untermischen.

Die Hirsemasse in eine mit Butter ausgefettete und mit Semmelbröseln bestreute Gugelhupf-Backform geben (bei einer Silikonform ist nur Butter nötig), mit einer Gabel leicht anpressen, Butterflöckchen auf den Teig geben und im heißen Ofen bei 180 °C 15 Minuten goldbraun und knusprig backen.

Die Zucchini in einer Stielkasserolle in 2 EL Olivenöl auf großer Flamme goldbraun braten. Mit Salz und Pfeffer würzen. Beiseite stellen.

Den Schwarzkohl in sprudelndem Salzwasser kochen, abtropfen und mit Olivenöl, Salz und Pfeffer würzen. Beiseite stellen.

Die Pastete mit gedünsteten Zucchini und Schwarzkohl servieren.

Patate al Cocco

Dieses Gericht ist überall in den Tropen, wie zum Beispiel in Sri Lanka, zu Hause, wo Kartoffeln und Kokospalmen wachsen. Kokosmilch verbindet sich mit Kartoffeln zu einer köstlich aromatischen, cremigen Speise. Und dazu ein weißer *Nuragus* aus Sardinien.

● einfach   ◯ 4 Personen   ⏱ 30 Minuten   Ⓥ vegan optional   ✕ glutenfrei

450 g	Kartoffeln
½	mittelgroße Zwiebel, grob gehackt
1	Knoblauchzehe, fein geschnitten
1 ½ EL	Ghee (oder natives Olivenöl)
½ TL	Garam masala (Gewürzmischung)
½ EL	Curry
125 ml	Kokosmilch
1 EL	Schnittlauch, geschnitten
	Salz
	schwarzer Pfeffer
	Zitronensaft

Die Kartoffeln schälen, in 1,5 cm große Würfel schneiden und bissfest kochen.

Die Zwiebel und den Knoblauch in Ghee oder Olivenöl in einer großen Pfanne bei mittlerer Hitze glasig dünsten. Die Gewürze einrühren, die Kartoffeln dazugeben und eine Minute zusammen braten.

Die Kokosmilch unterrühren, den Schnittlauch einstreuen und mit etwas Zitronensaft beträufeln. Mit Salz und frisch gemahlenem schwarzem Pfeffer bestreuen.

Mit Kirschtomatensalat mit Balsamicoessig oder frischem grünem Salat servieren.

Seitan alla Pizzaiola

Mit der traditionellen neapolitanischen Tomatensauce zubereitet, wird Seitan zu einem saftigen, delikat gewürzten Gericht. Dazu passt hervorragend der Rotwein *Lacrima di Morro d'Alba*.

● einfach	◎ 4 Personen	⏱ 25 Minuten	Ⓥ **vegan**

1	große Zwiebel, in Scheiben
1	Knoblauchzehe, blättrig geschnitten
1	Rosmarinzweig
1	Lorbeerblatt
3 EL	Olivenöl extra vergine
1 TL	Currypulver
½ TL	Chiliflocken
1	rote Paprikaschote, entkernt und grob gehackt
150 g	Kirschtomaten, halbiert
500 g	Seitan, in großen Würfeln
3	Basilikumblätter, grob gehackt
1 EL	Petersilie, grob gehackt
	Salz
	schwarzer Pfeffer

Die Zwiebel, den Knoblauch, den Rosmarin und das Lorbeerblatt in Olivenöl in einer großen Stielkasserolle eine Minute anbraten.

Das Currypulver, die Chiliflocken, die rote Paprika und die Tomaten dazugeben und auf großer Flamme braten, bis das Gemüse die gewünschte Konsistenz hat.

Den Seitan unterheben und weitere 5 Minuten mitbraten. Grob gehacktes Basilikum und Petersilie dazugeben. Mit Salz und frisch gemahlenem Pfeffer bestreuen.

Sofort servieren.

Sfogliate e Cipolline

Blätterteigtaschen mit pikanter Kartoffelfüllung und karamellisierten Zwiebeln sind eine leckere west-östliche Mischung. Versuchen Sie einen weißen sizilianischen *Menfi* dazu.

● schwierig 4 Personen 35 Minuten

Blätterteigteilchen

150 g	gelbfleischige Kartoffeln	500 g	Blätterteig
75 g	Austernpilze	1	Ei
3 EL	Olivenöl extra vergine		Salz
2	Knoblauchzehen		schwarzer Pfeffer
1	Rosmarinzweig		Mehl, zum Bestäuben
75 g	rote Zwiebeln, in Scheiben		Sesamsamen, fein und grob
2 EL	Parmesan, frisch gemahlen		grobes Meersalz

Die Kartoffeln kochen und schälen. Durch eine Kartoffelpresse in eine mittelgroße Schüssel pressen, mit einem Kartoffelstampfer pürieren. Beiseite stellen.

Die Austernpilze putzen und blättrig schneiden. Die Pilze in 2 EL Olivenöl mit einer Knoblauchzehe, dem Rosmarin sowie Salz und Pfeffer braten, bis die Flüssigkeit verdampft ist und die Pilze knusprig sind. Den Rosmarin und die Knoblauchzehe entfernen. Beiseite stellen.

Die Zwiebeln in 1 EL Olivenöl anbraten, salzen und pfeffern. Die Pilze, die Zwiebeln und den Parmesan in die Kartoffelmasse rühren und mit Salz und Pfeffer würzen. Die Mischung in eine Spritztüte füllen.

Den Backofen auf 200 °C vorheizen. Den Blätterteig ungefähr 3 mm dick zu einem Rechteck ausrollen. Einen 5 cm breiten Streifen abschneiden. Die Füllung in walnussgroßen Portionen in gleichmäßigen Abständen darauſspritzen. Mit einem zweiten Streifen bedecken. Mit einem Teigrädchen die einzelnen Portionen trennen. Die Teigdecken zweimal einschneiden, damit beim Backen Dampf entweichen kann. Damit fortfahren, bis alles aufgebraucht ist. Die Blätterteigteilchen auf ein mit Backpapier ausgelegtes Blech geben und mit dem Ei bestreichen. Mit Sesamsamen und grobem Salz bestreuen und 13 Minuten backen, bis der Blätterteig eine goldbraune Färbung angenommen hat.

Karamellisierte Zwiebeln

3 EL	Olivenöl extra vergine	1 EL	Rohrzucker
400 g	kleine Zwiebeln, geschält		Salz
50 ml	Balsamicoessig		schwarzer Pfeffer

Das Olivenöl in eine große Pfanne geben und die kleinen Zwiebeln auf den Pfannenboden setzen. Auf niedriger Flamme auf beiden Seiten goldbraun braten. Mit Balsamico, Rohrzucker, Salz und Pfeffer würzen und weitere 2 Minuten dünsten.

Die Blätterteigteilchen zusammen mit den karamellisierten Zwiebeln und knackigem Blattsalat servieren.

Finocchi al Gratin

Die beste Zubereitungsart für Fenchel ist ein Gratin. Dabei entfaltet das Gemüse gerade in Verbindung mit einem kräftigen Käse sein volles Aroma und bleibt dennoch saftig. Ein *Lambrusco di Sorbara* ist eine gute Kombination.

● einfach　　○ 6 Personen　　◔ 30 Minuten　　✕ glutenfrei optional

500 g	Fenchel	schwarzer Pfeffer
10 g	Mehl (oder glutenfreies Mehl)	Salz
15 g	Butter	
1	Knoblauchzehe	
1	Schalotte	
1	Lorbeerblatt	
150 ml	Milch	
4 EL	Parmesan, frisch gerieben	
50 g	Gorgonzola	

Die Fenchelknollen längs in 4 mm dicke Scheiben schneiden und 8 Minuten blanchieren. Auf ein Backblech legen und abkühlen lassen.

Für die Béchamelsauce das Mehl mit der Butter, dem Knoblauch, der Schalotte, dem Lorbeerblatt, schwarzem Pfeffer und Salz anrösten. Die Milch unter schnellem Rühren mit dem Schneebesen angießen, damit keine Klümpchen entstehen, und aufkochen. Die Gewürze mit einem Schaumlöffel herausnehmen, die Sauce mit Klarsichtfolie abdecken und beiseite stellen.

Den Backofen auf 180 °C vorheizen.

Den Fenchel in einer großen Schüssel mit 2 EL Parmesan und drei Vierteln der Béchamelsauce mischen. Die Mischung in eine Auflaufform (30 × 23 cm) geben, den gewürfelten Gorgonzola darüberstreuen, mit der restlicher Béchamelsauce und dem übrigem Parmesan bedecken und im heißen Ofen 15 Minuten gratinieren.

Cannoli di Porri con Paté di Legumi

Dieses Gericht ist reich an Proteinen und schmeckt noch besser als es aussieht. Damit überraschen Sie Gäste wie Partner bei einem gepflegten, feierlichen Abendessen äußerst positiv.

● schwierig 4 Personen 60 Minuten vegan glutenfrei

Röllchen

4	dicke Lauchstangen	Olivenöl extra vergine
16	Salbeiblätter	Salz
1	Bio-Orange	schwarzer Pfeffer
1	Knoblauchzehe, fein geschnitten	rosa Pfefferkörner
200 g	weiße Cannellinibohnen, gekocht und püriert	
200 g	Kichererbsen, gekocht und püriert	
1 EL	Petersilie, gehackt	
1 TL	frischer Ingwer, gerieben	

Melonensauce

250 g	Fruchtfleisch einer Cantaloupe-Melone, in Würfeln
75 g	Zucker
½ TL	Zitronensaft

Die Zutaten für die Melonensauce in einem Topf mischen und zugedeckt eine halbe Stunde köcheln lassen. Die Mischung mit dem Rührstab pürieren, durch ein Sieb passieren und beiseite stellen.

Die Lauchstangen gründlich waschen, den grünen Teil weitgehend entfernen, die Stangen der Länge nach nicht zu tief einschneiden und die 3 äußeren Blätter jeder Stange beiseitelegen, den Rest in dünne Scheiben schneiden.

4 EL Olivenöl in einer Pfanne mit dickem Boden erhitzen und den geschnittenen Lauch mit der Hälfte der Salbeiblätter anbraten. Abdecken und 15 Minuten auf kleiner Flamme dünsten. Die Salbeiblätter herausnehmen und den Lauch mit einem Rührstab pürieren.

Die 12 vorgehaltenen Lauchblätter eine Minute in kochendem Wasser blanchieren. Mit einem Schaumlöffel in eiskaltes Wasser geben und auf einem Tuch abtropfen lassen. Anschließend daraus 12 Rechtecke von 12 × 10 cm schneiden.

½ TL Orangenschale reiben. Die restliche geschälte Orange in Spalten teilen, auf einen Teller legen, mit Klarsichtfolie abdecken und beiseite stellen.

Den gehackten Knoblauch in 1 EL Olivenöl leicht bräunen. Das Bohnen- und das Kichererbsenpüree, den pürierten Lauch und die geriebene Orangenschale dazugeben. Mit Salz und Pfeffer würzen. Gut umrühren und 2 Minuten dünsten. Von der Kochstelle nehmen, erkalten lassen. Anschließend die Petersilie und den Ingwer unterheben. Die Masse in eine Spritztüte füllen. Ist die Paste zu trocken, mit etwas Kochflüssigkeit der Bohnen oder mit Gemüsebrühe verdünnen.

Den Backofen auf 175 °C vorheizen.

Die zugeschnittenen Lauchblätter auf Pergamentpapier legen, mit etwas Olivenöl, Salz und Pfeffer würzen. Die Füllung fingerdick entlang dem kurzen Ende der Rechtecke aufspritzen und wie Rouladen aufrollen. Auf ein mit Backpapier ausgelegtes Backblech geben und die Cannoli 8 Minuten im heißen Ofen backen.

Einen Hauch Melonensauce auf einen Teller geben, die Lauchröllchen darüberlegen, mit rosa Pfeffer bestreuen und mit den Orangenspalten verzieren.

Sofort servieren.

Quenelles

Die französische Bezeichnung *Quenelles* steht für Klößchen, die wie Nocken zwischen zwei Löffeln geformt werden. Diese farbenfrohen Klößchen sind aus Roter Bete und Karotten. Ein weißer *Malvasia del Carso* ist ein aufregender Begleiter.

 einfach   6 Personen   15 Minuten   glutenfrei

Rote-Bete-Nocken

150 g	Rote Bete, gekocht und gerieben	Salz
80 g	Feta-Käse, fein zerbröselt	weißer Pfeffer
2 EL	Petersilie, gehackt	schwarzer Pfeffer
2 TL	Joghurt, natur	
2 EL	Olivenöl extra vergine	
2 Tropfen	roter Tabasco	
2 Tropfen	Zitronensaft	

Sämtliche Zutaten in einer Schüssel mischen.

Nocken ausstechen und mit gemischtem Salat servieren.

Karotten-Nocken

250 g	Karotten, in Scheiben	Salz
2 EL	Olivenöl extra vergine	schwarzer Pfeffer
1 EL	Schalotten, gehackt	
1	kleine Knoblauchzehe, gepresst	
3 EL	Parmesan, frisch geraspelt	
1 EL	Petersilie, gehackt	

Die Karotten 7 Minuten dünsten. Anschließend in einer Pfanne in Olivenöl mit den Zwiebeln, dem Knoblauch sowie Salz und Pfeffer 5 Minuten braten.

Die Karotten in eine Schüssel geben, mit dem Rührstab pürieren und zum Abkühlen in Eiswasser stellen.

Den Parmesan und die Petersilie unter das Karottenpüree mischen. Nocken ausstechen und mit gemischtem Salat servieren.

Die Nocken werden mit Hilfe von zwei Suppenlöffeln geformt. Dazu nimmt man je einen Löffel in jede Hand, sticht mit dem einen eine Portion Gemüsemischung ab, schiebt diese in den anderen Löffel und drückt sie dabei mit dem ersten in eine dreidimensionale ovale Form.

Spinaci al Gratin

In gratiniertem Spinat verbindet sich das leicht metallisch schmeckende Gemüse mit dem geschmolzenen Käse zu einem unvergleichlichen Aroma. Jahrelang wurde Spinat aufgrund seines angeblich hohen Eisengehalts gepriesen, was sich als Fabel erwies. Davon abgesehen kann der menschliche Körper nur geringe Mengen Eisen auf einmal aufnehmen. Ein *Merlot Aprilia* aus der Provinz Latium passt hervorragend.

● einfach   ◐ 4 Personen   ◷ 30 Minuten   ✕ glutenfrei optional

---

350 g	Spinat, blanchiert und grob gehackt
2 EL	Olivenöl extra vergine
2	Knoblauchzehen
½ TL	Butter
1	Schalotte, geviertelt
1	Lorbeerblatt
1	Petersilienstängel
1 EL	Mehl (oder glutenfreies Mehl)
200 ml	Milch
2 EL	Parmesan, frisch gerieben
100 g	Mozzarella, grob gehackt

Salz
schwarzer Pfeffer
Muskatnuss

Den Backofen auf 180 °C vorheizen.

In einer Stielkasserolle den Spinat in Olivenöl mit einer Knoblauchzehe kurz anbraten. Mit Salz und schwarzem Pfeffer würzen. Den Knoblauch herausnehmen und beiseite stellen.

In einem Topf die Butter erhitzen und die restliche Knoblauchzehe, die Schalottenviertel, das Lorbeerblatt und den Petersilienstängel eine halbe Minute darin schwenken. Das Mehl einrühren und leicht anbräunen. Die Milch angießen und mit dem Schneebesen kräftig schlagen, damit keine Klümpchen entstehen. Aufkochen und mit Salz, Pfeffer und Muskat würzen.

Die Béchamelsauce durch ein Sieb direkt auf den Spinat passieren und gründlich vermischen. Die Spinatcreme in eine Auflaufform (27 × 18 × 3,5 cm) gießen, mit Parmesan und Mozzarella bestreuen und im heißen Ofen 15 Minuten goldbraun gratinieren.

Sofort servieren.

Finocchi Fritti con Crema di Avocado

Frittierter Fenchel schmeckt mit ein paar Spritzern Zitronensaft und etwas Avocadocreme einfach vorzüglich. Kinder und Eltern werden diese Gemüsekoteletten lieben. Erwachsene genießen sie mit einem spritzigen *Roero Arneis* aus dem Piemont.

 mittelschwer 6 Personen 20 Minuten vegan optional glutenfrei optional

Frittierter Fenchel

18	kleine Fenchelknollen, in 0,5 cm dicken Scheiben	2 EL	Basilikum und Petersilie, gehackt
250 g	Mehl (oder glutenfreies Mehl)	1	kleine Knoblauchzehe, gepresst
3	Eier, schaumig geschlagen (oder 150 ml Sojasahne)		Salz
100 ml	Milch (oder Sojamilch)		schwarzer Pfeffer
700 g	Semmelbrösel (oder glutenfreie Brösel)		Erdnussöl zum Herausbacken

Den Fenchel 6 Minuten dämpfen. Drei mittelgroße Schüsseln vorbereiten: 1. mit Mehl; 2. mit verquirlten Eiern, Milch, Salz und Pfeffer; 3. mit Semmelbröseln, Kräutern, Knoblauch, Salz und Pfeffer.

Je eine Fenchelscheibe zuerst in Mehl, dann in der Eimischung und schließlich in Semmelbröseln wenden. Die panierten Scheiben auf ein Backpapier legen. Den Fenchel in heißem Erdnussöl frittieren und auf Küchenpapier abtropfen lassen. Anschließend mit Salz bestreuen und sofort servieren.

Avocadocreme

1	mittelreife Tomate	6	sonnengetrocknete Tomaten, in Streifen
2	Avocados	2 EL	Petersilie, fein gehackt
1	Zitrone		Olivenöl extra vergine
½	Schalotte, gehackt		Salz
½	kleine Knoblauchzehe, gepresst		Pfeffer
2 TL	Dijonsenf		
100 g	Robiola-Käse (optional)		

Die Tomate kurz in heißes Wasser legen, enthäuten und klein würfeln. Beiseite stellen.

Die Avocados schälen, den Kern herausnehmen, das Fruchtfleisch in eine Schüssel geben und mit der Gabel grob zerdrücken. Einige Spritzer Zitronensaft darübergeben, die Schalotte, den Knoblauch, den Senf und den Robiola-Käse untermischen. Die frischen und die getrockneten Tomaten, die Petersilie, Olivenöl sowie Salz und Pfeffer einrühren.

Torta al Formaggio

Diese Käsequiche ist ausgesprochen pikant und aromatisch – sie zergeht auf der Zunge. Ideal für ein Picknick im Freien oder eine Party. Versuchen Sie dazu einen *Merlot Isonzo*.

● einfach   ◯ 8 Personen   🕒 40 Minuten

Quicheteig

100 g	Mehl	Salz
125 g	Vollkornmehl	
1 TL	Backpulver	
75 g	kalte Butter in Stücken	
120 ml	Milch	

Käsefüllung

340 g	gemischte Käsesorten (Emmentaler, Gouda, geräucherter Scamorza etc.)	Salz schwarzer Pfeffer
3 EL	Parmesan, frisch geraspelt	
3	Eier	
120 ml	Milch	

Eine runde Backform (25 cm Durchmesser) mit Backpapier auslegen. Beiseite stellen.

In einer mittelgroßen Schüssel die Mehlsorten samt Backpulver mit der Butter schnell zu einem bröseligen Teig verkneten. Milch und Salz einarbeiten und 2 Minuten kneten. In Klarsichtfolie eingeschlagen im Kühlschrank ruhen lassen.

Die Käsesorten würfeln und mit dem geriebenen Parmesan in einer Schüssel vermengen. Beiseite stellen.

Zwei Eier, die Milch sowie Salz und Pfeffer in einer kleinen Schüssel verquirlen. Beiseite stellen.

Den Teig beidseitig bemehlt zwischen zwei Blatt Backpapier legen. Anschließend rund ausrollen, so dass Boden und Rand der Backform bedeckt sind. Das obere Papier abziehen, den Teig um das Nudelholz legen, in die Form gleiten lassen und diese damit auskleiden. Die Käse-Eier-Mischung eingießen.

Ist die Käsemischung eingefüllt, sollten die Teigränder einen Überstand von 1,5 cm haben. Diesen Überstand mit dem Teigschaber über die Käsefüllung drücken, um einen dichten Abschluss zu erreichen. Die Oberfläche des Teigrandes mit dem restlichen, verquirlten Ei bestreichen.

Im heißen Ofen bei 185 °C 23 Minuten goldbraun backen.

Schmeckt einfach köstlich mit einem Blattsalat mit schwarzen Oliven und getrockneten Tomaten.

Pomodori Confit con Vegan Ricotta

Ich liebe Confits. Konfieren bedeutet, einen Ausgangsstoff durch langsames Einkochen haltbar zu machen. Auf diese Weise bleiben wichtige Inhaltsstoffe erhalten. Hier gehen die Tomaten eine köstliche Verbindung mit veganem Ricotta ein. Ich empfehle dazu einen *Barbera d'Asti*.

 mittelschwer   4 Personen   90 Minuten   vegan

Tomaten-Confit

6	reife, mittelgroße Tomaten, halbiert und entkernt	Olivenöl extra vergine
		Salz
je ½ EL	Rosmarin, Thymian und Oregano, gehackt	
½ TL	Kapern, abgespült und gehackt	
1	Knoblauchzehe	
2 EL	Rohrzucker	

Veganer Ricotta

2 EL	Olivenöl extra vergine	Salz
125 g	Tofu, gewürfelt	schwarzer Pfeffer
1	kleine Schalotte, gehackt	weißer Pfeffer
50 g	Zwiebeln, gehackt	
1	Knoblauchzehe, fein geschnitten	
50 g	Karotten, gehackt	
30 g	Stangensellerie, gehackt	
2 TL	Sojasauce	
½ EL	Petersilie, gehackt	
½ TL	Trockenhefe	

Ausbackteig

45 g	Mehl	Salz
45 g	Maisstärke	schwarzer Pfeffer
65 ml	Mineralwasser mit Kohlensäure	Erdnussöl zum Frittieren
65 ml	Bier	

Karotten-Sahne

2 EL	Olivenöl extra vergine	Salz
100 g	Lauch, in Scheiben	schwarzer Pfeffer
100 g	Karotten, gewürfelt	
100 g	Kürbis, in Scheiben	
400 ml	Gemüsebrühe	
½ TL	Kurkuma	
1 TL	Petersilie, gehackt + zum Servieren	

Für den veganen Ricotta sämtliche Zutaten in einer Stielkasserolle mischen, abdecken und auf kleiner Flamme köcheln. Die Mischung in eine Schüssel geben und mit dem Rührstab zu einer Paste pürieren. Im Kühlschrank abkühlen.

Den Backofen auf 140 °C vorheizen.

Ein Backblech mit Backpapier auslegen und mit Olivenöl beträufeln. Die halbierten Tomaten daraufsetzen, mit der Mischung aus Kräutern, Kapern, Knoblauch, Öl und Salz würzen. Mit Zucker bestreuen und eine halbe Stunde backen, bis sie weich und süß sind. Beiseite stellen. (Die Tomaten können auch am Vortag zubereitet werden.)

Eine Platte mit Klarsichtfolie abdecken und auf der Arbeitsfläche bereitstellen. Die Ricottamischung aus dem Kühlschrank nehmen und zu Nocken formen. Hierzu mit je einem Esslöffel in den Händen eine Portion Ricotta abstechen, in einen zweiten Löffel streichen und andrücken, um eine dreidimensionale ovale Form zu erhalten. Die Nocken vorsichtig auf die Klarsichtfolie über der Platte legen. Fortfahren, bis der Ricotta aufgebraucht ist. Die Platte in den Kühlschrank stellen. (Die Nocken können auch am Vortag zubereitet werden.)

Für die Karottensauce alle Zutaten in einem Stieltopf auf kleiner Flamme weich dünsten. Pürieren.

Für den Ausbackteig die Zutaten in einer Schüssel mischen und schnell aufschlagen, bis eine homogene Creme entstanden ist. In den Kühlschrank stellen.

Erdnussöl in einem Topf erhitzen. Die Nocken aus dem Kühlschrank nehmen und 6–7 in den Teig sinken lassen. Nacheinander mit einer Gabel herausnehmen und in das heiße Öl gleiten lassen. Frittieren, bis sie eine hellbraune Farbe angenommen haben. Mit einem Sieblöffel aus dem Fett heben und auf Küchenpapier abtropfen lassen. Mit Salz und schwarzem Pfeffer würzen.

Vier Teller einzeln anrichten. Die Karottensauce in die Mitte eines jeden Tellers geben. Jeweils drei mit dem gebackenen Ricotta gefüllte Tomaten daraufsetzen. Mit Olivenöl beträufeln und mit gehackter Petersilie bestreuen. Sofort servieren.

Patate al Forno

Wahrscheinlich hat jedes Land der Welt eine besondere Variante des Rezepts für Bratkartoffeln. Wo Kartoffeln wachsen, werden auch Bratkartoffeln gegessen! Hier eine schnelle und aromatische Zubereitungsart. Großartig zu einem roten *Montefalco* aus Umbrien.

● einfach	8 Personen	30 Minuten	Ⓥ vegan	glutenfrei optional

40 ml	Olivenöl extra vergine
3	Knoblauchzehen, blättrig geschnitten
1 EL	Petersilie, gehackt
1	Rosmarinzweig
1	Lorbeerblatt
500 g	kleine rote oder gelbe Kartoffeln, ungeschält
200 g	Kürbis
100 g	rote Zwiebeln, geschält
30 g	Semmelbrösel (oder glutenfreie Brösel)
	Salz
	schwarzer Pfeffer
	weißer Pfeffer

Den Backofen auf 180 °C vorheizen.

In einer mittelgroßen Bratpfanne das Olivenöl, den Knoblauch, die Kräuter sowie Salz und Pfeffer mischen. Vorhalten.

Die Kartoffeln waschen, gründlich abbürsten, der Länge nach in Schnitze schneiden und zur Marinade in die Pfanne geben.

Den Kürbis außen waschen, halbieren und das Innere mit den Kernen auskratzen. Den Kürbis schälen, vierteln und in Spalten schneiden, die ungefähr die Größe der Kartoffelschnitze haben. Zu den Kartoffeln geben.

Die Zwiebeln vierteln oder achteln und zum übrigen Gemüse geben.

Die Semmelbrösel einstreuen und alles kräftig mischen. Die Gemüse sollten gleichmäßig mit Öl getränkt sein. Die Mischung so verteilen, dass sie eine Schicht auf dem Pfannenboden bildet. 30–35 Minuten braten, bis das Gemüse außen gebräunt und knusprig und innen weich ist. Während des Bratvorgangs einmal (nach 20 Minuten) wenden, damit alles gleichmäßig bräunt.

Von der Kochstelle nehmen, je nach Geschmack würzen und heiß servieren.

Kibe de Queijo

Kibbeh oder bei uns Kibe ist ein im Nahen Osten (Syrien, Irak und Libanon) verbreitetes Gericht (meist in Form von Klößchen) aus Bulgur. Bei Bulgur handelt es sich um vorgekochten, anschließend getrockneten und geschroteten Hartweizen. Bulgur ist ein sehr bekömmliches Kohlenhydrat. Wir lieben dazu den Weißwein *Falanghina*.

● einfach   ○ 6 Personen   ◷ 40 Minuten

---

180 g	Bulgur	Olivenöl extra vergine
500 ml	Gemüsebrühe	Salz
2	Zwiebeln, in Scheiben	schwarzer Pfeffer
1	Knoblauchzehe, fein gehackt	
60 g	mittelharter Käse, gewürfelt	
60 g	Parmesan, frisch gerieben	
1 ½ EL	Schnittlauch, gehackt	
1 ½ EL	Petersilie, gehackt	
50 g	grüne Oliven, gehackt	
1	Ei	
2 EL	Sesam-Parmesan-Mischung	

Den Bulgur 15 Minuten in Wasser einweichen. Abtropfen und vorhalten. Die Gemüsebrühe erhitzen.

Die Zwiebeln und den Knoblauch in 2 EL Olivenöl anschwitzen. Den Bulgur hineingeben und eine Minute rösten. Die Gemüsebrühe angießen, aufkochen und 20 Minuten köcheln lassen, bis das Getreide weich ist.

Den Bulgur in eine Schüssel geben, erkalten lassen. Anschließend die Käsesorten, die Kräuter, die grünen Oliven, das verquirlte Ei sowie Salz und Pfeffer untermischen.

Eine Quicheform (18 × 25 cm) mit Olivenöl einfetten, die Bulgurmischung hineingeben und die Oberfläche mit einem Spatel glatt streichen.

Mit einem Messer oberflächlich ein Gitter in die Oberfläche ritzen, mit der Sesam-Parmesan-Mischung bestreuen und im vorgeheizten Backofen bei 180 °C 20 Minuten goldbraun backen.

Sofort mit frisch angemachtem Salat servieren.

Torta di Scarola

Die Winterendivie (Eskariol) mit ihrem leicht bitteren Geschmack verbindet sich mit buttrigem Mürbteig zu einem köstlichen Aroma. Die mineralstoffreiche Endivie enthält Milchsaft, dem eine beruhigende Wirkung zugeschrieben wird. Servieren Sie diese Quiche mit einem guten Weißwein wie dem *Verdicchio*.

● mittelschwer ○ 8 Personen ◷ 40 Minuten

Mürbteig

100 g	Mehl	75 g	kalte Butter
125 g	Vollkornmehl	120 ml	Milch
1 TL	Backpulver		Salz

Belag

700 g	Winterendivien	1 EL	Hefeflocken
1	rote Zwiebel, in Scheiben	30 g	Rosinen, in heißem Wasser eingeweicht
3 EL	Kapern, abgespült und gehackt	3 EL	Olivenöl extra vergine
20 g	schwarze Oliven, grob gehackt	150 g	Mozzarella, grob gewürfelt
1 TL	getrockneter Oregano	1 TL	Ei, verquirlt

Eine runde Backform (25 cm Durchmesser) mit Backpapier auslegen und beiseite stellen.

Beide Mehlsorten und das Backpulver in einer mittelgroßen Schüssel mit der Butter verkneten, bis ein bröseliger Teig entsteht. Milch und Salz einarbeiten und 2 Minuten weiterkneten. Mit Klarsichtfolie abdecken und im Kühlschrank ruhen lassen, während die anderen Zutaten vorbereitet werden.

Die Endivien gründlich waschen und grob hacken. Die Zwiebel, die Kapern, die Oliven, den Oregano, die Hefeflocken und die Rosinen im Olivenöl 2 Minuten anbraten. Die Endivien dazugeben und 10 Minuten mitbraten. Abkühlen. Überschüssige Flüssigkeit entnehmen.

Drei Viertel des Mürbteigs beidseitig bemehlt zwischen zwei Backpapierblätter geben. Eine runde Form ausrollen, die Boden und Rand der Backform bedecken kann. Das obere Papier abziehen, den Teig über das Nudelholz rollen und vorsichtig in die Backform gleiten lassen.

Auf den Teigboden ein Drittel des Mozzarellas füllen, die halbe Menge Endivien darübergeben und erneut mit Käse bedecken. Den Vorgang wiederholen und mit Mozzarella abschließen. Die Teigränder sollten einen Überstand von 1,5 cm haben.

Den restlichen Teig in Streifen schneiden und ein Gitter über die Quiche legen. Den Teigrand rundherum über die Enden der Streifen schlagen und fest andrücken. Die Teigoberfläche mit dem verquirlten Ei bestreichen.

Im vorgeheizten Ofen bei 185 °C 23 Minuten goldbraun backen.

Rösti con Capunata Siciliana

Hier kommt die berühmte Schweizer Kartoffelvariante mit einem sizilianischen Gemüsetopf auf den Tisch. Die leicht säuerliche Note des Gemüses macht die Rösti bekömmlicher. Wir würden dazu einen kräftigen sizilianischen *Nero d'Avola Duca di Salaparuta* servieren.

---

 einfach   4 Personen   40 Minuten   Ⓥ vegan   ⊗ glutenfrei

Rösti

500 g	Kartoffeln	Salz
1	Knoblauchzehe, gepresst	schwarzer Pfeffer
1 EL	Olivenöl extra vergine + zum Braten	

Die Kartoffeln in der Schale in sprudelndem Salzwasser 7 Minuten kochen. Abtropfen, abkühlen lassen, schälen und grob reiben. Mit dem Knoblauch, dem Olivenöl, Salz und Pfeffer würzen.

In einer mittelgroßen Pfanne mit schwerem Boden 1 EL Olivenöl erhitzen.

Aus der Hälfte der Kartoffelmischung mit den Händen eine Kugel formen, in eine gefettete Bratpfanne legen und leicht flachdrücken.

Einige Minuten braten. Rösti durch Rütteln vom Pfannenboden lösen. Einen Deckel einfetten, über die Pfanne legen und umdrehen, so dass der Kartoffelkuchen umgekehrt auf dem Deckel zu liegen kommt.

Mehr Öl in die Pfanne geben, den Kartoffelkuchen mit der gebratenen Seite nach oben hineingleiten lassen und noch 2 Minuten braten, bis er goldbraun und knusprig ist.

Den Vorgang mit dem restlichen Kartoffelteig wiederholen. Heiß servieren.

Capunata

100 g	Stangensellerie
10 g	Pinienkerne
50 ml	Olivenöl extra vergine
250 g	Auberginen, in Würfeln
180 g	Zucchini, in Scheiben
180 g	rote Paprika, in Würfeln
2	Knoblauchzehen, fein gewürfelt
140 g	rote Zwiebeln
½ EL	Thymian und Oregano, gehackt
75 g	grüne Oliven
10 g	Rosinen, in heißem Wasser eingeweicht
13 g	Rohrzucker
15 ml	Rotweinessig
3	Basilikumblätter
25 g	Kapern, abgetropft und grob gehackt
	Salz
	Pfeffer

Die Selleriestangen waschen, mit dem Gemüseschäler die Fäden entfernen und die Stangen in 1–2 cm lange Stücke schneiden. Den Sellerie 3–4 Minuten in Salzwasser kochen, abgießen und mit Küchentüchern trocken tupfen. Beiseite stellen.

Die Pinienkerne in einer kleinen Pfanne ohne Fett goldbraun rösten.

Ein Drittel des Öls in einer Pfanne erhitzen, die Auberginenwürfel hineingeben und auf großer Flamme 2 Minuten scharf anbraten. Wenn nötig salzen und pfeffern. Herausnehmen und auf Küchenpapier abtropfen lassen. Beiseite stellen.

Das zweite Drittel Olivenöl in die Pfanne geben, die Zucchinischeiben und die Paprikawürfel leicht hellbraun anbraten. Mit Salz und Pfeffer würzen, in eine Schüssel geben und beiseite stellen.

Die Pfanne wieder auf die Kochstelle stellen, das restliche Olivenöl eingießen, den Knoblauch, die Zwiebeln und Kräuter darin einige Minuten anschwitzen. Sind die Zwiebeln glasig, den Sellerie, die Zucchini, die Paprika, die Auberginen, die grünen Oliven, die Pinienkerne und die Rosinen dazugeben und 10 Minuten braten. Den Gemüsetopf mit Rohrzucker bestreuen, den Essig angießen, umrühren und weitere 5 Minuten braten. Basilikum und Kapern darüberstreuen.

Warm mit Rösti oder kalt als Vorspeise servieren.

Tofu alla Montali

In diesem Rezept verleiht eine Marinade dem Tofu ein Aroma, das selbst Fleischliebhabern schmecken wird. Fleischersatz ist wohl die gebräuchlichste Verwendung des Sojabohnenprodukts Tofu. Die Herstellungsweise ähnelt dem des Käses, wobei das Gerinnungsmittel „Nigari" (Magnesiumchlorid) bei der Sojamilch die Rolle des Lab übernimmt.

| einfach | 4 Personen | 20 Minuten | vegan | glutenfrei optional |

Tofu

450 g	Tofu, gewürfelt	20 g	Kapern, gehackt
3 EL	Olivenöl extra vergine	3 TL	Bierhefe
1 EL	getrockneter Oregano		(oder Sojalecithin-Pulver)
1 EL	Sojasauce		Salz
2	Knoblauchzehen, fein geschnitten		frisch gemahlener Pfeffer

Bunter Salat

300 g	Rucola	Salz
100 g	Rote Bete, gedämpft und grob zerkleinert	schwarzer Pfeffer
100 g	Karotten, grob geraspelt	Olivenöl extra vergine
1	Granatapfel	Zitronensaft

Den Tofu in ungefähr 12 mm große Würfel schneiden. In einer mittelgroßen Schüssel in der Hälfte des Olivenöls mit dem getrockneten Oregano, der Sojasauce und schwarzem Pfeffer marinieren. Beiseite stellen.

Den Knoblauch und die Kapern im restlichen Öl in einer Bratpfanne auf niedriger Flamme eine Minute anbraten. Die Bierhefe untermengen, umrühren und den Tofu dazugeben. 5 Minuten leicht knusprig braten. Je nach Geschmack mit Salz und Pfeffer würzen.

In einer mittelgroßen Schüssel alle Zutaten für den Salat mischen.

Den Tofu mit dem bunten Salat servieren.

Coccio di Formaggio al Miele

Käsecreme mit Honig in einem Keramiktopf ist zwar kein veganes Rezept, schmeckt jedoch einfach himmlisch. Besonders an kalten Winterabenden mildert der Honig die Schärfe des geschmolzenen Käses auf sanfte Art. *Die* Gelegenheit, eine Flasche *Barbaresco* dazu zu öffnen!

● einfach   ◯ 4 Personen   ⏱ 20 Minuten   ✗ **glutenfrei optional**

2	Knoblauchzehen, geschält	Salz
180 g	Emmentaler, gewürfelt	Olivenöl extra vergine
90 g	geräucherter Provolone, gewürfelt	schwarzer Pfeffer
180 g	mittelharter Kuhmilchkäse, gewürfelt	
200 g	mittelalter Pecorino, gewürfelt	
200 g	Brotscheiben für die Bruschetta **(oder glutenfreies Brot)**	
4 TL	Honig	

Vier kleine (ungefähr 12 cm im Durchmesser) einzelne Terracottaschalen oder eine Terracottaschale mit 24 cm Durchmesser bereitstellen.

Die Schalen mit einer Knoblauchzehe ausreiben, die gewürfelten Käsesorten darauf verteilen, mit einem Deckel verschließen und auf kleiner Flamme erhitzen, bis der Käse schmilzt.

Inzwischen eine Bruschetta (Knoblauchbrot) vorbereiten. Dazu Brotscheiben goldbraun rösten. Eine Seite jeweils mit dem restlichen Knoblauch einreiben, mit Salz und Olivenöl würzen. Warm halten.

Ist der Käse geschmolzen, den Honig darübertröpfeln, mit Pfeffer bestreuen und gleich mit Bruschetta servieren.

Köstlich schmecken dazu auch Bratkartoffeln, ein Gemüsetopf wie die Capunata oder gedünsteter Spinat sowie Bruschetta mit Tomatenpesto.

Tartin di Ciliegini e Feta

Bei dieser Tarte Tatin entwickeln die Tomaten in Verbindung mit Feta und Mürbteig beim Backen ein besonders reiches Aroma. Großartig für Picknicks und Partys! Ein Rotwein wie der *Brunello di Montalcino* ist der perfekte Begleiter.

mittelschwer · 8 Personen · 60 Minuten

Mürbteig

200 g	Mehl	Salz
100 g	kalte Butter, in Würfeln	
50 ml	Eiswasser	

Belag

450 g	Kirschtomaten, halbiert	Salz
1	Knoblauchzehe, fein gewürfelt	schwarzer Pfeffer
4 EL	Olivenöl extra vergine	
4	Thymianzweige, Blätter gehackt	
2 EL	Rohrzucker	
3 EL	Balsamicoessig	
1 EL	getrockneter Oregano	
40 g	Semmelbrösel	
50 g	Feta, grob gehackt	

Für den Mürbteig das Mehl mit Salz auf eine Arbeitsfläche sieben. Die Butterflocken in eine Vertiefung in der Mitte geben. Das Eiswasser über die Butter sprenkeln und mit den Fingern einarbeiten, bis eine Paste entsteht. Die Hände bemehlen und das Mehl rasch mit der Butter zu einer Teigkugel verarbeiten. Den Teig in Klarsichtfolie wickeln und mindestens 30 Minuten im Kühlschrank ruhen lassen.

Die Tomaten waschen und der Länge nach halbieren. Zwischen zwei Fingern Saft und Kerne vorsichtig ausdrücken.

In einer feuerfesten Bratpfanne mit 24 cm Durchmesser den Knoblauch im Öl sautieren, die gehackten Thymianblätter dazugeben und auf kleiner Flamme einige Minuten rösten. Von der Kochstelle nehmen und die Tomaten mit der Schnittfläche nach oben dicht und kreisförmig einlegen, so dass der Boden vollkommen bedeckt ist. Sorgfältig jede Tomate mit Salz, Rohrzucker, Balsamico, Pfeffer und Oregano würzen und auf kleiner Flamme 15–20 Minuten braten.

Vom Feuer nehmen. Die Tomaten mit Semmelbröseln und Feta-Käse bestreuen.

Den Mürbteig aus dem Kühlschrank nehmen, mit einem Nudelholz rund in der Größe der Backform ausrollen und über die Tomaten legen (damit der Teig nicht bricht, um das Nudelholz schlagen und vorsichtig über den Tomaten abwickeln). An den Rändern den Teig mit den Fingern seitlich über die Tomaten drücken. Die Tarte bei 180 °C Ober- und Unterhitze oder bei 160 °C Umluft 20–25 Minuten backen. Danach die Tarte 10 Minuten abkühlen lassen (nicht länger, da der Belag sonst an der Backform kleben bleibt) und auf eine Kuchenplatte stürzen. In 8 Stücke schneiden und … genießen!

Peperoni alla Bagna Cauda

Paprika in „heißem Bad" sind ein köstliches Gericht aus dem Piemont und die Leib- und Magenspeise von Alberto, der dort aufwuchs. Als späterer Vegetarier glaubte er, darauf verzichten zu müssen, da sie Sardellen enthält. Mittlerweile schätzt Montali sich glücklich, das einzige Restaurant weit und breit zu sein, das eine vegetarische *bagna cauda* anbietet. Das Aroma ist geblieben, auch ohne Sardellen. Die beste Gelegenheit, eine gute Flasche *Barbaresco* zu öffnen.

einfach   6 Personen   45 Minuten

650 g	Paprika (rote und/oder gelbe), gegrillt, enthäutet und entkernt
2 EL	Ghee oder Butterschmalz
2	mittelgroße Knoblauchzehen, fein gehackt
20 g	Kapern, gehackt
1 TL	Bierhefepulver
100 ml	Sahne
	Salz
	schwarzer Pfeffer

Die gerösteten, enthäuteten Paprikaschoten in dünne Streifen schneiden.

Das Butterschmalz in einer Kasserolle erhitzen, den Knoblauch und die Kapern 3 Minuten auf sehr kleiner Flamme hell goldbraun rösten. Das Bierhefepulver einrühren und die Paprika dazugeben.

Eine Minute dünsten, die Sahne angießen, salzen und pfeffern und weitere 2 Minuten köcheln.

Eine ausgezeichnete Sauce zu Kartoffeln, Pasteten oder Bruschetta.

Focacce alle Verdure

Hier einige Focaccia-Variationen. Wenn Sie sich schon die Mühe gemacht haben, einen Focacciateig vorzubereiten, überraschen Sie die Familie doch gleich mal mit unterschiedlichen Arten des Belags!

○ mittelschwer   ◐ 28 Portionen   ⏱ 60 Minuten

Focaccia-Teig

300 g	Manitoba-Mehl (oder normales Mehl)	375 ml	warmes Wasser
150 g	Vollkornweizenmehl	1	TL Salz
120 g	Hartweizenmehl	1 EL	Olivenöl extra vergine + zum Einfetten
18 g	frische Bierhefe	1	Prise Zucker

Die Mehlsorten in einer Schüssel mischen und in der Mitte eine Vertiefung machen. In einer zweiten Schüssel die übrigen Zutaten vermengen, bis sich die Hefe aufgelöst hat. Alles in die Vertiefung geben und mit den Fingerspitzen das Mehl einarbeiten, bis eine Teigkugel entstanden ist. Den Teig wellenartig von unten nach oben ziehen und mehr gegen die Schüsselwand schlagen als kneten. Mindestens eine Minute weiterarbeiten. Etwas Öl darüberträufeln, mit Klarsichtfolie abdecken und 45 Minuten an einem warmen Ort gehen lassen.

Drei Backbleche (33 × 25 cm) mit jeweils 1 ½ EL Öl einfetten.

Ist der Teig auf die doppelte Menge aufgegangen, auf eine bemehlte Arbeitsfläche legen und in drei gleiche Teile teilen. Einen Teil bearbeiten, die anderen mit einem sauberen Küchenhandtuch abdecken.

Mit dem Nudelholz ein Rechteck in Blechgröße ausrollen. Den Teig einpassen, mit einer Gabel einstechen und mit einem Küchenhandtuch abdecken. Gleichermaßen mit dem übrigen Teig verfahren.

Belag: Zucchini mit Mozzarella

2	Zucchini, in dünnen Scheiben	1	Rosmarinzweig
2	Knoblauchzehen, blättrig geschnitten	1 ½ EL	Olivenöl extra vergine
		250 g	Mozzarella, gewürfelt
2 TL	getrockneter Oregano		Salz
			schwarzer Pfeffer

Bis auf den Käse sämtliche Zutaten in einer mittelgroßen Schüssel vermengen. Beiseite stellen.

Den Backofen auf 220 °C vorheizen.

Den Mozzarella über den Teig streuen und die übrigen Zutaten gleichmäßig darüber verteilen. Im heißen Ofen ungefähr 12 Minuten backen. Die Focaccia ist fertig, wenn der Boden leicht gebräunt ist.

Belag: Rote Zwiebeln & Kapern

700 g	rote Zwiebeln, in dicken Scheiben	Salz
1	Salbeizweig	schwarzer Pfeffer
5 EL	Olivenöl extra vergine	
2 EL	Kapern, gewaschen und grob gehackt	
250 g	Mozzarella, in Würfeln	

Die Zwiebeln mit dem Salbeizweig in einer Pfanne mit Olivenöl bei sanfter Hitze anschwitzen. Währenddessen eine Kelle heißes Wasser angießen, damit die Zwiebeln nicht austrocknen. Sind sie gar, die Kapern sowie Salz und Pfeffer dazugeben, von der Herdstelle nehmen und abkühlen lassen.

Den Backofen auf 220 °C vorheizen.

Ist das Backblech mit Teig ausgelegt, den Mozzarella darüberstreuen und die Zwiebelmischung gleichmäßig darüber verteilen. Im heißen Ofen 12 Minuten backen.

Die Focaccia ist fertig, wenn der Boden hellbraun ist.

Belag: Endivien & schwarze Oliven

2	Knoblauchzehen	Salz
100 g	schwarze Oliven, grob gehackt	schwarzer Pfeffer
4 EL	Olivenöl extra vergine	
700 g	Endivien, grob gehackt	
250 g	Mozzarella, gewürfelt	

Den Knoblauch und die Oliven 1 Minute in Olivenöl anbraten. Die Endivien in die Pfanne geben und auf kleiner Flamme anschwitzen. Währenddessen eine Suppenkelle heißes Wasser angießen, damit der Salat nicht austrocknet. Ist die Endivie gar, pfeffern und von der Kochstelle nehmen. Zum Auskühlen beiseite stellen.

Den Backofen auf 220 °C vorheizen.

Den auf dem Blech ausgelegten Teig zuerst mit Mozzarella und anschließend mit der Endivie gleichmäßig belegen. Im heißen Ofen 12 Minuten backen.

Die Focaccia ist fertig, sobald der Boden hellbraun ist.

Tabbouleh di Quinoa

Taboulé (*Tabouleh* bedeutet auf Arabisch „leicht gewürzt") ist ein Salat aus der libanesischen Küche. Hier kommt er mit Quinoa als eine südamerikanisch-nahöstliche Mischung auf den Tisch. Den italienischen Akzent setzt ein *Tocai* aus dem Friaul.

| einfach | 4 Personen | 30 Minuten | vegan | glutenfrei |

150 g	Quinoa
1	Schalotte, fein gewürfelt
1	Knoblauchzehe, fein gehackt
1 ½ EL	Olivenöl extra vergine
325 ml	Gemüsebrühe
1 g	Safranpulver
2	Salatgurken, entkernt
25 g	Zwiebeln, fein gehackt
3	große Tomaten, enthäutet und entkernt, gewürfelt
½ TL	Zitronensaft
½ EL	Pfefferminzblätter, gehackt
½ EL	Petersilie, gehackt
	Salz
	schwarzer Pfeffer
	roter Tabasco

Die Quinoa 15 Minuten in Wasser einweichen. Gut abbrausen und abtropfen lassen.

Die Schalotte und den Knoblauch in Olivenöl anschwitzen. Die Quinoa einrühren, mit Gemüsebrühe angießen, salzen und pfeffern.

Aufkochen, den Safran dazugeben und 20 Minuten abgedeckt köcheln lassen.

Von der Kochstelle nehmen und 6 Minuten ruhen lassen. Die Quinoa in eine Schüssel geben und in einem Eisbad vollkommen abkühlen lassen.

Sämtliche übrigen Zutaten in einer großen Schüssel mischen und mit grünem Salat servieren.

Tartin di Cipolle Rosse

Diese Tarte ist eine perfekte Verbindung von Gemüse und Mürbteig. Sie kann im Voraus vorbereitet und auf einer Party serviert werden. Großartig mit einem *Cirò Rosso* aus Kalabrien.

 mittelschwer   8 Portionen   45 Minuten

Mürbteig

200 g	Mehl	50 ml	Eiswasser
100 g	kalte Butter, in Würfeln		Salz

Belag

15 g	Butter	1 TL	Rohrzucker
6	rote Zwiebeln	60 g	schwarze Oliven, grob gehackt
5	Schalotten		Salz
1	Thymianzweig, Blätter gehackt		schwarzer Pfeffer

Für den Mürbteig das Mehl und etwas Salz auf eine Arbeitsfläche sieben. In eine Vertiefung in der Mitte die Butter geben. Eiswasser über die Butter sprenkeln und mit den Fingern zu einer Paste verkneten. Mit bemehlten Händen das Mehl einarbeiten. Die Teigkugel in Klarsichtfolie einschlagen, um ein Austrocknen zu vermeiden, und mindestens 30 Minuten im Kühlschrank ruhen lassen.

Eine Tarteform (Durchmesser 25 cm) ausfetten und mit Butterflöckchen auskleiden. Die Zwiebeln und die Schalotten schälen und in ungefähr 1 cm dicke gleichmäßige Scheiben schneiden. In konzentrischen Kreisen in die Backform einlegen, mit Thymian, Salz, Pfeffer, Rohrzucker und Oliven bestreuen.

Den Teig rund und etwas größer als die Form 0,5 cm dick ausrollen. Den Teig über das Nudelholz legen und über die Zwiebeln gleiten lassen. Überschüssigen Teig abschneiden und den Teigrand in die Form drücken. Die Teigoberfläche mit einer Gabel einstechen und bei 180 °C im vorgeheizten Ofen 40 Minuten, bei Umluft 160 °C 30 Minuten backen. Danach schnell auf eine Kuchenplatte stürzen, in 8 Stücke schneiden und die Tarte sehr heiß servieren.

Spadellata alle Spezie

Haben Sie zufällig viel Gemüse zu Hause? Oder herrscht in Ihrem Gemüsegarten Hochsaison? Dann versuchen Sie diese würzige Gemüsepfanne. Sie geht schnell, ist köstlich und ein leichtes Mittagessen für die ganze Familie. Eine gute Flasche weißer *Gravina di Puglia DOC* adelt dieses Gericht.

| einfach | 6 Personen | 20 Minuten | vegan | glutenfrei optional |

1 EL	schwarze Senfsamen
6 EL	Olivenöl extra vergine
1 EL	Ingwer, gehackt
1	mittelgroße Zwiebel, in Scheiben
2	Knoblauchzehen
2	Lorbeerblätter
½ EL	Curry
650 g	gelbfleischige Kartoffeln, gewürfelt (1 cm)
350 g	Seitan (oder Tofu), gewürfelt (1 cm)
2	mittelgroße Paprikaschoten, gewürfelt (1 cm)
2 EL	Petersilie, gehackt
6	Basilikumblätter, gehackt
	Salz
	Pfeffer

Die schwarzen Senfkörner in einer Pfanne in Olivenöl mit dem Ingwer, den Zwiebelringen und dem Knoblauch anbraten, bis die Senfkörner nicht mehr aufpoppen.

Die Lorbeerblätter, das Currypulver, Pfeffer und die Kartoffeln dazugeben und 3 Minuten braten. Den Seitan und die Paprika hinzufügen und mitbraten, bis das Gemüse bissfest ist. Die Kräuter einstreuen und mit Salz und Pfeffer würzen.

Heiß mit Reis, Bruschetta oder Käsescheiben servieren.

Flan di Melanzane

Auberginen-Flan mit Spinatsauce und einer Creme aus dem Pecorino aus Pienza. Die Aubergine gehört nicht unbedingt zu den populärsten Gemüsesorten, entwickelt jedoch in diesem Rezept ihr optimales Aroma.

● schwierig　　　　◯ 6 Personen　　　　◴ 40 Minuten　　　　✗ glutenfrei optional

Flan

450 g	Auberginen, gewürfelt	Milch, zum Einweichen des Brotes
2	Knoblauchzehen, fein geschnitten	Salz
180 g	Zwiebeln, gehackt	schwarzer Pfeffer
5 EL	Olivenöl extra vergine	
1 EL	Petersilie, gehackt	
60 g	Brot, in Scheiben	
	(oder glutenfreies Brot)	
2	Eier	
2 EL	Parmesan, frisch geraspelt	

Die Auberginen mit dem Knoblauch und den Zwiebeln 8–10 Minuten in Olivenöl braten.

Die Pfanne von der Kochstelle nehmen, die Hälfte der Petersilie einrühren und abkühlen lassen.

In einer mittelgroßen Schüssel die Brotscheiben in einer kleinen Menge Milch 10 Minuten einweichen. Das Brot ausdrücken und beiseite stellen.

In 6 Silikon-Muffinformen von 7 cm Durchmesser und 3,5 cm Höhe rund geschnittenes Backpapier über den Boden legen und mit Olivenöl einfetten.

Den Backofen auf 180 °C vorheizen.

In einer Schüssel die Eier, den Parmesan, die restliche Petersilie, das Brot sowie Salz und schwarzen Pfeffer mischen und zu einem sämigen Teig verquirlen. Die Auberginen dazugeben, durchrühren und die Muffinförmchen damit befüllen.

Die Formen mit Backpapier bedeckt 30 Minuten im Wasserbad im Ofen garen.

Spinatsauce

200 g	gedämpfter Spinat
2 EL	Ghee oder Olivenöl
1	Knoblauchzehe, ungeschält
2 TL	Kreuzkümmel, gemahlen
2 EL	Sahne oder Gemüsebrühe

Salz
schwarzer Pfeffer

Den Spinat in Ghee mit dem Knoblauch, dem Kreuzkümmel sowie Salz und Pfeffer 2 Minuten dämpfen. Die Sahne hinzufügen, die Knoblauchzehe entfernen, die Mischung pürieren und beiseite stellen.

Pienza-Pecorino-Glasur

200 ml	Milch
50 ml	Sahne
1	Knoblauchzehe
150 g	Pienza-Pecorino, frisch gerieben

schwarzer Pfeffer

Die Milch, die Sahne, den Knoblauch und Pfeffer in einem Stieltopf warm werden lassen. Den Käse mit dem Schneebesen einrühren, damit sich alles zu einer Creme verbindet. Den Knoblauch herausnehmen, die Masse mit einem Rührstab mixen, durch ein Sieb streichen und beiseite stellen.

Auf acht Teller jeweils eine Portion Spinatcreme geben. Die Flans aus den Förmchen nehmen und je eines in die Mitte des Pürees setzen. Mit der Käsecreme glasieren und schwarzen Pfeffer frisch darübermahlen.

Frittata di Pasta

Spaghetti-Omelette gibt es überall in Italien – sie ist die einfachste Übung für eine Hausfrau. Wo Italiener sind, gibt es Pasta, und wo es Pasta gibt, bleiben auch Pastareste für eine Pasta-Omelette – beliebt bei der ganzen Familie. Schmeckt besonders gut mit einem sardischen *Carignano del Sulcis*.

● einfach   ◯ 4 Personen   ◷ 15 Minuten   ⊗ glutenfrei optional

5	Eier, leicht verquirlt
20 g	Semmelbrösel (oder glutenfreie Brösel)
2 EL	Parmesan, frisch gerieben
20 g	geräucherter Provolone
2 EL	Petersilie und Basilikum, gehackt
200 g	kalte Spaghetti (oder glutenfreie Spaghetti), gekocht mit etwas Tomatensauce
1 EL	Olivenöl extra vergine
	Salz
	schwarzer Pfeffer

Die Eier, die Semmelbrösel, die beiden Käsesorten und die Kräuter in einer mittelgroßen Schüssel verquirlen. Die kalten, gekochten Spaghetti unterheben, salzen, pfeffern und beiseite stellen.

Das Olivenöl in einer großen Bratpfanne auf mäßig heißer Flamme erhitzen und die Spaghettimischung so eingießen, dass sie sich gleichmäßig über den Pfannenboden und bis an den Rand verteilt. Die Pfanne abdecken und braten, bis die Eimischung nahezu fest und der Boden hellgoldbraun ist.

Die Omelette mit einem Küchenspatel von dem Pfannenrand lösen, den Deckel mit Öl einfetten, über die Pfanne halten und die Pfanne umdrehen, so dass die Omelette kopfüber auf dem Deckel landet.

Noch etwas Öl in die Pfanne geben, die Omelette wieder in die Pfanne gleiten lassen und einige Minuten von der anderen Seite braten.

Die Spaghetti-Frittata auf eine Servierplatte geben, aufschneiden und mit Rucolasalat servieren.

Ein gewitztes und schmackhaftes Rezept für die Verwendung von Pastaresten.

Lenticchie alle Erbe

Linsen sind reich an Eisen und Proteinen. In Italien gibt es besonders aromatische Sorten. Die besten sind die berühmten Berglinsen aus *Castelluccio di Norcia*. Der Anbau erfolgt in 1500 m Höhe. Versuchen Sie dazu einen *Lagrein Dunkel* aus dem Trentino.

● einfach ◯ 4 Personen ◷ 45 Minuten Ⓥ vegan optional ⓧ glutenfrei optional

---

Linsen

1 EL	Olivenöl extra vergine	200 g	Linsen, gewaschen und abgetropft
50 g	Zwiebeln, gehackt	750 ml	Gemüsebrühe
1	Knoblauchzehe	1 EL	Petersilie, gehackt
1	Lorbeerblatt	1 EL	Basilikum, gehackt
1	kleiner Rosmarinzweig		Salz
1	kleine Karotte, der Länge nach halbiert		schwarzer Pfeffer
1	kleine Selleriestange, längs halbiert		

Bruschetta

200 g	Basilikumblätter	½ EL	Pecorino Romano, frisch gerieben (optional)
2	Knoblauchzehen	4	Scheiben Brot (oder glutenfreies Brot)
1 EL	Pinienkerne, geröstet	4	Kirschtomaten, grob gehackt
100 ml	Olivenöl extra vergine + zum Beträufeln		Salz
1 EL	Parmesan, frisch gerieben (optional)		schwarzer Pfeffer

Das Olivenöl in einer Pfanne mit den Zwiebeln, dem Knoblauch, dem Lorbeerblatt, dem Rosmarin, der Karotte und dem Stangensellerie erhitzen. 2 Minuten anschwitzen, die Linsen untermischen, die Gemüsebrühe angießen, mit Salz und Pfeffer würzen, durchrühren und leicht weiterköcheln lassen. Sind die Linsen bissfest, die Karotte, den Sellerie, das Lorbeerblatt und den Rosmarin entfernen. Die Petersilie und das Basilikum unterheben.

Für das Pesto das Basilikum, eine Knoblauchzehe, die Pinienkerne und das Olivenöl in einem hohen Glas mischen. Mit dem Rührstab zu einer Paste pürieren. Die Käsesorten dazugeben und kurz weiterpürieren. Beiseite stellen.

Die Brotscheiben mit Olivenöl beträufeln, salzen und pfeffern. Auf beiden Seiten in einer heißen Grillpfanne rösten. Die gerösteten Brote mit dem übrigen Knoblauch einreiben und auf eine Platte legen. Mit Pesto bestreichen und die gehackten Tomaten darüberstreuen.

Die Linsen in separaten Schüsselchen mit ein paar Tropfen Olivenöl und die gerösteten Brotscheiben auf einer Platte servieren.

Gallette di Patate al Tartufo

Diese Kartoffeltaler sind ein Leckerbissen, den Sie sich gönnen sollten. Für eine einfachere und billigere Variante werden die Trüffeln durch schwarze Oliven ersetzt. Dazu ein Glas *Sangiovese* und die Leichtigkeit des Seins kehrt zurück!

● einfach ◯ 6 Personen ◷ 40 Minuten

500 g	rotschalige Kartoffeln, gewaschen, ungeschält	Salz
200 g	Champignons, gewürfelt	Olivenöl extra vergine
1	Schalotte, gehackt	Pfeffer
1	Knoblauchzehe	Muskatnuss
½	Rosmarinzweig	Mehl
100 g	schwarze Trüffel, blättrig gerieben	Semmelbrösel
3	Eier	
2 EL	Parmesan, frisch geraspelt	

Die Kartoffeln in einen Topf mit kaltem Salzwasser geben, zum Kochen bringen und leicht *al dente* kochen.

Die Champignons auf großer Flamme in Olivenöl mit der Schalotte, dem Knoblauch, dem Rosmarin sowie Salz und Pfeffer braten. Überschüssiges Öl abgießen, den Rosmarin und den Knoblauch entfernen. Beiseite stellen.

Die Kartoffeln abgießen, schälen und noch heiß in einer Schüssel pürieren. Die Champignons, die Trüffeln, 2 Eigelb, den Parmesan sowie Muskat, Salz und Pfeffer untermischen.

Den Kartoffelteig auf eine bemehlte Arbeitsfläche geben, zu einer Rolle formen, wenn nötig Mehl hinzufügen. In fingerdicke Scheiben schneiden, in Mehl, verquirltem Ei und Semmelbröseln wenden.

Die panierten Küchlein in einer Pfanne in ausreichend Öl auf niedriger Flamme braten, damit sie nicht anbrennen. Die gebratenen Taler auf Küchentüchern abtropfen lassen und mit Salz bestreuen.

Heiß mit einem frischen, gemischten Salat servieren.

Schwarze Oliven sind ein guter Trüffelersatz.

Crespelle Fagiolini e Zafferano

Diese italienische Variante der Crêpes wird in einer Safransauce mit grünen Bohnen gefüllt serviert. Die wunderbare Krokusblüte, deren Staubfäden uns den Safran bescheren, bereichert unsere Küche seit der Antike.

● einfach 6 Personen 20 Minuten ✗ glutenfrei optional

Crespelle (dünne Pfannkuchen)

375 ml	Milch	Salz
120 g	Mehl (oder glutenfreies Mehl)	schwarzer Pfeffer
2	Eier	
35 g	Butter, zerlassen + zum Ausbacken	

Füllung

350 g	grüne Bohnen	Salz
3 EL	Olivenöl extra vergine	schwarzer Pfeffer
60 g	Zwiebeln, gehackt	
1	Knoblauchzehe, fein gehackt	
1 TL	Chiliflocken	
800 g	Kirschtomaten, geviertelt	
2 TL	Tomatenpesto	
20	Basilikumblätter	
500 g	Mozzarella, in Scheiben	
50 g	Parmesan, zum Bestreuen	

Pienza-Pecorino und Safransauce

500 ml	Milch	schwarzer Pfeffer
100 ml	Sahne	
2	Knoblauchzehen, geschält	
300 g	Pienza-Pecorino (oder ein ähnlicher Schafskäse), frisch gerieben	
½ TL	Safranpulver	

Sämtliche Zutaten für die hauchdünnen Pfannkuchen in einer mittelgroßen Schüssel mischen. Alles kräftig verquirlen, mit Klarsichtfolie bedecken und beiseite stellen.

Die frischen grünen Bohnen waschen. Eine Portion Bohnen parallel auf ein Brett legen und mit einem scharfen Messer beide Enden abschneiden. Auf diese Weise alle Bohnen putzen.

Wasser in einem großen Topf bei mittlerer Hitze zum Kochen bringen. Salz und die Bohnen dazugeben und unbedeckt 5 Minuten bissfest kochen. Sofort in ein Sieb abgießen und mit eiskaltem Wasser abschrecken, abtropfen lassen und beiseite stellen.

Das Öl in einer mittelgroßen Kasserolle erhitzen und die Zwiebeln, den Knoblauch und die Chiliflocken eine Minute anschwitzen. Die Tomaten, das Pesto sowie Salz und schwarzen Pfeffer dazugeben und auf großer Flamme 15 Minuten braten. Die gekochten Bohnen untermischen, gut verrühren, weitere 2 Minuten braten und von der Kochstelle nehmen.

In einem kleinen Stieltopf die Milch, die Sahne, schwarzen Pfeffer und den Knoblauch im Wasserbad erhitzen. Hat die Flüssigkeit eine Temperatur von 70 °C erreicht (Test: Mit der Fingerkuppe hält man nur 1 Sekunde aus), den Pecorino und den Safran mit dem Schneebesen einrühren, bis der Käse geschmolzen ist. Den Knoblauch herausnehmen und die Masse mit dem Rührstab zu einer samtigen Creme verrühren. Beiseite stellen.

In einer Pfanne (22 cm Durchmesser) die Crespelle backen. Den Pfannenboden mit Butter einfetten, eine halbe Minute erhitzen, 160 ml Teig in die Pfanne geben, zuerst auf der einen Seite braten, dann wenden und auf der anderen Seite braten. Mit dem restlichen Teig ebenso verfahren.

Ein Kuchenblech (40 × 30 cm) mit Backpapier auslegen.

Die Pfannkuchen mit den Bohnen, einigen Tomaten, einem Basilikumblatt und einer Scheibe Mozzarella füllen. Die Crespelle zu einer Rolle aufrollen. Nebeneinander auf das Backblech legen, mit geriebenem Parmesan bestreuen und im vorgeheizten Ofen bei 180 °C in einigen Minuten goldbraun backen.

Sofort mit der Safransauce servieren. Schön anzusehen und köstlich!

Speisen und Traditionen

Jedes Land hat eine eigene Esskultur. Landestypische Speisen drücken ein spezielles Lebensgefühl aus, bestimmen den Geruch seiner Bewohner, lassen Rückschlüsse auf die geografische Lage einer Nation zu.

Angeblich konnte der Vietkong amerikanische Soldaten während des Krieges schon riechen, bevor Heckenschützen sie aufs Korn nehmen konnten – nur, weil sie am Tag vor dem Marsch in den Dschungel Cheeseburger gegessen hatten.

Meine Frau und ich haben eine Zeitlang in Indien gelebt. Inder haben ein leidenschaftliches Verhältnis zu ihrer Küche. Sie lieben die Schärfe und die Vielfalt aromatischer Gewürze. Gleichzeitig halten sie ihre Traditionen und bestimmte Rituale aufrecht und lebendig.

Wir lebten in einem Hindu-Kloster, praktizierten wie viele unserer Generation Yoga und meditierten. In den 1970ern war die Reise nach Indien mit den damit verbundenen Erfahrungen ein „Muss". Ich liebte alles an diesem Land. Die Gerüche, die Menschen, die Farben. Ein wunderbares Erlebnis, das mein Leben veränderte.

Allerdings lebten wir unter orthodoxen Brahmanen, bei denen eine strikte Trennung zwischen Frauen und Männern, Mönchen und Verheirateten herrschte und das Kastensystem bei der Organisation der Gemeinschaft eine entscheidende Rolle spielte.

Unsere Rolle als einzige Europäer dagegen war nicht klar definiert. Einerseits gaben uns die Inder mit ihrer angeborenen Höflichkeit und Gastfreundschaft das Gefühl, willkommen zu sein. Andererseits machte uns die Tatsache, dass wir früher Fleisch gegessen und Toilettenpapier statt Wasser benutzt hatten, zu „unreinen" Europäern. Daher war mir klar, dass ein Pundit, ein gelehrter Hindu, niemals einen von mir überreichten Apfel gegessen hätte. Er hätte ihn zwar aus Höflichkeit angenommen, aber sofort weggeworfen, sobald ich ihm den Rücken zukehrte. Ich war für ihn ein Paria, ein „Unberührbarer".

Nichtsdestotrotz haben wir diese Zeit genossen. Das ist 25 Jahre her, und wir lebten auf dem Land, wo der Alltag seit Jahrtausenden nach demselben Muster verläuft. Man pflügte mit Rindern und transportierte den Weizen mit Kamelen auf den Markt. Toiletten gab es nicht. Dafür waren ja die Felder da. Eines Morgens, auf dem Weg zur ländlichen „Toilette", musste ich panisch feststellen, dass sich der Stock, auf den ich getreten war, bewegte und sich als eine ebenso schlaftrunkene Kobra entpuppte. Vermutlich hatte sich die Kobra mehr erschreckt als ich.

Unser Hauptproblem war das Essen. Es war ausgesprochen karg. Womit ich mich durchaus begnügen konnte. Eine Linsensuppe ist immer gut – auch wenn sie noch so wenig Linsen enthält. Das eigentliche Problem war das bei Indern so beliebte Chili. In besagter Suppe schwammen nur wenige Linsen, aber dafür 25 kleine Chilischoten. Die Schärfe war für einen westlichen Magen kaum zu verkraften.

Nachdem wir einige Jahre so gelebt hatten, entschied meine Frau eines Tages, grüne Gnocchi aus wildem Spinat mit Tomatensauce zu kochen. In unserer modern ausgerüsteten Restaurantküche wirklich keine schwierige Übung, aber damals unter jenen Umständen ein mühsames Unterfangen. Wir verbrachten einen halben Tag mit dem Sammeln von Bathua, einem wilden Spinat. Ich brauchte zwei Tage, bis ich Kuhmist an den Wänden eines Hauses als Brennmaterial für unsere Kochstelle getrocknet hatte. Eine Stunde Marsch zum Markt, um Kartoffeln und Tomaten zu kaufen …

Zwei Arbeitstage, um zu kochen, was wir für die beste Mahlzeit hielten, die wir in den drei Jahren im Land „Bharata" genossen hatten!

Während meine Frau kochte, kamen natürlich alle älteren Damen herbei, um zu beobachten, was die seltsame westliche Frau in der kleinen Ecke des Aschrams trieb. Sie sahen, dass Ziegelsteine zu einer kleinen Feuerstelle aufgeschichtet worden waren, in welcher der Kuhdung brannte und sich der Duft von Tomaten verbreitete, die im Topf für eine delikate Sauce schmorten.

Natürlich beobachteten sie aufmerksam die Fremde, die etwas so Exotisches, mit ihrer gewohnt scharfen Kost nicht Vergleichbares, kochte.

Für sie war es das unterhaltsame Ereignis des Tages.

Mir lief mittlerweile das Wasser im Mund zusammen. Die Aussicht auf eine Mahlzeit aus grünen Gnocchi mit Tomatensauce, ohne Chili, ließ mein Herz höher schlagen. Nach sechs Monaten mit höllisch scharfer Linsensuppe freute ich mich auf den Moment, wieder italienisches Essen zu kosten. Und meine Frau hatte eine große Menge davon zubereitet. Eine Menge, die ohne weiteres vier Personen hätte satt machen können. Und genau so viel nahm ich mir vor, allein zu vertilgen.

Wir waren, wie gesagt, die Unberührbaren in der Gemeinschaft der Brahmanen im

Aschram. Niemand hätte je Nahrungsmittel von uns angenommen.

Nachdem meine Frau nach zwei Tagen aufwändiger Vorbereitungen schließlich mit Kochen fertig war und die Gnocchi serviert werden konnten, wandte sie sich an die seit Stunden zuschauenden Inderinnen und beging den Fehler, ihnen Kostproben anzubieten ... in der Erwartung, dass sie ihre höfliche Geste ablehnen würden.

Vielleicht war es der Duft, die Neugier und der Eindruck, dass da wider Erwarten etwas Köstliches auf der Feuerstelle köchelte, jedenfalls nahmen die Inderinnen allesamt die Gnocchi-Kostproben an, wollten es auf einen Versuch ankommen lassen, selbst entscheiden, ob ein Unterschied zwischen der indischen und der italienischen Küche bestand. Und ich musste mit wachsender Verzweiflung mitansehen, wie freizügig die Damen zulangten und wie schnell meine Portion zu schrumpfen begann.

Letztendlich war diese Portion in meinen Augen auf ein Appetithäppchen zusammengeschmolzen. In diesem Moment waren die Gnocchi der schmerzlichste Verlust meines Lebens.

Das einzige Gute war, dass wir den sehr kritischen Inderinnen gezeigt hatten, wie lecker das Essen der italienischen Parias tatsächlich schmeckte.

Zumindest ein kleiner Erfolg in sonst harten Zeiten!

Jäger und Vegetarier

„Warum sind Sie Vegetarier geworden?"

In den vergangenen 30 Jahren als Vegetarier ist mir diese Frage wohl tausendmal gestellt worden.

Ein Engländer sagte einmal mit dem typisch britischen Humor: „Ich bin nicht Vegetarier, weil ich Tiere liebe, ich bin Vegetarier, weil ich Gemüse hasse!" Eine amüsante Art, eine Antwort zu umgehen, die Vegetarier gern vermeiden. Aber welche Erwiderung man auch gibt, auf die eine oder andere Art führt es immer zu Reaktionen wie: „Aber Sie tragen doch Lederschuhe!" Ganz zu schweigen davon, was man zu hören bekommt, wenn man zufällig Vegetarier und Raucher ist ...

Es ist, als verwandle die vegetarische Lebensweise den Menschen in einen Heiligen, der weder Fleisch noch Fisch isst, nicht raucht oder trinkt, sozusagen den Freuden des Lebens entsagt.

Und nach langen Diskussionen kommt vielleicht der Schluss: „... aber dieses Leben muss doch furchtbar langweilig sein!" So als könne man nur hühnchenessenderweise Spaß am Leben haben. Also hasse ich ebenfalls Gemüse.

Natürlich gibt es gute Gründe, weshalb jemand zum Vegetarier wird. Und es scheint, als würden jährlich mehr Menschen zu dieser Einsicht gelangen.

Ich schreibe diese Zeilen hier zu Hause in Montali während der Jagdsaison. Gerade musste ich die Polizei rufen, denn es sind Jäger unterwegs. Eine Gruppe verschwand im Wald und ließ in einem der Autos einen kleinen Käfig mit vier Hunden zurück. Offensichtlich hatten die Jäger gut zu tun, denn die Hunde blieben stundenlang in der Enge des Käfigs in der prallen Sonne und ohne Wasser allein ... Wie kann man nur so eine Bestie sein? Und damit sind nicht die Hunde gemeint!

Dass jemand bei der Jagd Vergnügen empfindet, kann ich vielleicht noch nachvollziehen. Auch dass es für einen bis an die Zähne bewaffneten Mann eine Befriedigung sein mag, einen kleinen Vogel mit einem großen Kaliber vom Himmel zu holen. Ich kann versuchen, zu verstehen ... Kann mir vorstellen, wie schön es ist, durch die Bäume des Waldes die aufgehende Sonne zu beobachten. Die Schönheit der ersten Sonnenstrahlen, der Duft von nassem Gras. Der Gesang der Vögel am Morgen. Und dann der Schuss aus einem Gewehr, der den Gesang eines Vogels für immer verstummen lässt.

Ja, ich kann versuchen, zu verstehen, welche Befriedigung man daraus gewinnen könnte. Aber verlangen Sie nicht, dass ich es akzeptiere, es für eine gute Idee halte. Der liebe Gott hat schließlich die Sonne auch für diesen kleinen Vogel, für seine Eltern aufgehen lassen ...

Und ich werde nie verstehen oder akzeptieren, dass man diese so leichtfertig und hemmungslos ausgeübte Brutalität einer lebenden Kreatur antun kann. Besonders nicht denjenigen, die uns so nahe stehen.

Ich kann versuchen zu verstehen, dass es jemandem Spaß macht, auf die Jagd zu gehen, aber ich kann nicht akzeptieren, dass man dafür Hunde leiden lässt.

Der Hund wird nichtsdestotrotz der Freund des Menschen bleiben. Er wird seinen Herrn immer lieben. Auch wenn du ihm seine Welpen wegnimmst, die du nicht behalten willst, und sie daher gedankenlos tötest.

Er liebt dich auch dann noch, wenn du ihn im Wald aussetzt, weil er zu alt oder nicht schussfest ist. Er wird dich immer vorbehaltlos lieben, egal was für ein Unmensch du bist.

Das ist der große Unterschied zwischen uns Menschen und den Tieren ... Tiere haben häufig das Herz, das uns gelegentlich fehlt.

Desserts

Quindim

Quindim ist ein sehr beliebter brasilianischer Flan portugiesischen Ursprungs. Die Süße und das Aroma der Kokosnuss sind ein Fest für die Sinne. Vorsicht! Er macht süchtig!

● mittelschwer	○ 30 Minuten	◷ 30 Minuten + 3 Stunden Ruhezeit	✗ glutenfrei

255 g	Kokosraspel, frisch gerieben
250 g	Zucker
10	Eigelb
1 EL	Butter
1	frische Vanilleschote

Butter zum Ausfetten
Traubenzucker zum Bestreuen der Förmchen

Alle Zutaten in einer Schüssel mit dem Kochlöffel vermischen, bis eine blasse Creme entstanden ist. Mit Klarsichtfolie abdecken und beiseite stellen.

Kleine runde Silikonformen (4 cm Durchmesser, 2 cm hoch) buttern und je ½ TL Traubenzucker auf die Böden streuen.

Die Kokosmischung ½ Minute mit dem Kochlöffel aufschlagen, die Förmchen bis zum Rand damit befüllen, mit Klarsichtfolie abdecken und zwei Stunden in den Kühlschrank stellen.

Die Quindim im heißen Backofen bei 160 °C (keine Umluft) im Wasserbad 15 Minuten garen.

Erkalten lassen und für eine Stunde in den Kühlschrank stellen.

Im Kühlschrank aufbewahrt, schmeckt Quindim wie alle Kokossüßspeisen auch noch nach drei Tagen.

Dolce Crudo di Cioccolato

Kennen Sie jemanden, der keine Schokolade mag? Wenn ja, dann bereiten Sie dieses Dessert für diese Person zu. Sie werden sie im Handumdrehen vom Gegenteil überzeugt haben.

 einfach   9 Portionen   30 Minuten   vegan optional   glutenfrei

Kuchen

300 g	Haselnüsse	Vanillemark
200 g	Datteln (oder getrocknete Feigen oder Sultaninen), klein geschnitten	
40 g	ungesüßtes Kakaopulver	
240 g	Honig (oder Reis- oder Maismalz)	

Glasur

1	reife Avocado	Vanillemark
20 g	ungesüßtes Kakaopulver	
120 g	Honig (oder Reis- oder Maismalz)	

Die Haselnüsse zwei Stunden in Wasser einweichen. Gründlich abtrocknen und im Mixer zu einer Paste pürieren. Die Haselnusspaste in einer mittelgroßen Schüssel mit den übrigen Zutaten zu einem kompakten Teig verarbeiten.

Den Teig zwischen zwei Backpapiere legen und mit dem Nudelholz zu einem Rechteck (18 × 36 cm) ausrollen. Den Teig in 18 Quadrate (6 × 6 cm) aufschneiden.

Für die Glasur die Avocado der Länge nach aufschneiden. Die beiden Hälften gegeneinander drehen, um sie zu öffnen. Den Kern entfernen. Mit einem Löffel das Fruchtfleisch auskratzen. Das Avocadofleisch in einer mittelgroßen Schüssel mit den übrigen Zutaten mit einem Rührstab zu einer geschmeidigen Creme verrühren. Die Hälfte der Kuchenquadrate damit bestreichen, die restlichen Quadrate jeweils daraufsetzen und ebenfalls mit der Glasur überziehen, so dass neun kleine Törtchen entstehen.

Jede Portion mit unterschiedlichen Nüssen oder Früchten verzieren.

Mimosa

Dieser Kuchen wird in Italien anlässlich des Weltfrauentags zubereitet. Er ähnelt einer Mimosenblüte, dem Symbol für alles Weibliche. Servieren sie ihn mit einem gut gekühlten Glas *Grecale Passito*.

● schwierig   ◯ 8 Personen   ⏱ 40 Minuten + 1 Stunde Kühlung

Kuchen

2	Eier
110 g	Zucker
4	Eigelb
100 g	Mehl
20 g	Kartoffelstärke
	Butter für die Formen

Eiercreme

150 ml	Milch
150 ml	frische Sahne
¼	Mark einer Vanilleschote
90 g	Zucker
4	Eigelb
28 g	Mehl

Sirup

50 ml	Wasser
25 g	Zucker
25 ml	Likör (vorzugsweise Orangenlikör)
130 ml	Sahne

Zwei Springformen (11 cm Durchmesser) mit Butter einfetten und mit Backpapier auslegen.

Mit dem Handmixer die ganzen Eier mit dem Zucker zu einer blassgelben Masse aufschlagen. Die Eigelbe dazugeben und weitere 5 Minuten schlagen, bis sich das Volumen verfünffacht hat. Das Mehl und die Kartoffelstärke darübersieben, mit einem Kochlöffel kräftig einrühren.

Den Teig auf die Springformen verteilen und bei 175 °C 18 Minuten bei Umluft backen. Die fertigen Kuchen abkühlen lassen. Mit scharfem Messer die Kruste jeweils komplett entfernen und den gelben Biskuit freilegen. Einen Kuchen in drei Schichten teilen, den anderen würfeln. Beiseite stellen.

Die Milch und die Sahne mit dem Vanillemark erhitzen. Warm halten. Den Zucker, die Eigelbe und das Mehl in einem Topf glatt rühren und mit dem Schneebesen zu einer blassgelben Creme aufschlagen. Unter Rühren mit dem Schneebesen die warme Milchmischung in die Eiermischung gießen. Auf kleiner Flamme eindicken (nicht kochen!) Von der Kochstelle nehmen, auf eine flache Platte geben, mit Klarsichtfolie abdecken und im Kühlschrank abkühlen lassen.

Für den Sirup das Wasser mit dem Zucker und dem Likör aufkochen. Zum Abkühlen beiseite stellen. Die Sahne schlagen, 2 EL beiseite stellen und den Rest unter die kalte Eiercreme heben.

Anrichten

Die erste Schicht auf eine flache Kuchenplatte legen, die Oberfläche mit dem Sirup beträufeln, eine kleine Portion der restlichen Schlagsahne darüberstreichen und darauf ½ cm der Eiercreme auftragen. Die zweite Biskuitschicht daraufsetzen und die Prozedur wiederholen. Die Biskuitwürfel darüberhäufeln. Vor dem Servieren eine Stunde in den Kühlschrank stellen.

Grano dolce

Hier ein weiteres Rezept aus Apulien, ein typisches Dessert für das Allerheiligenfest, an dem Familien ausgedehnt vor dem Kamin tafeln. Es ist die Jahreszeit, in der die meisten der notwendigen Zutaten gerade Saison haben. Dazu ein Glas *Passito* oder ein *Recioto della Valpolicella*. Der Himmel auf Erden!

einfach	8 Personen	35 Minuten	vegan	glutenfrei optional

150 g	Weizenkörner (oder Vollkornreis)
1	Granatapfel
50 g	Walnüsse, grob gehackt
50 g	dunkle Schokolade (50 % Kakao), grob gehackt
200 ml	Traubensaftreduktion

Die Weizenkörner 20 Minuten in warmem Wasser einweichen, abgießen und in heißem Wasser weich kochen. Abgießen und auf einem Teller abkühlen lassen.

Den Granatapfel halbieren, die Schale jeder Hälfte vier- bis sechsmal einritzen, über eine Schüssel halten und mit einem großen Löffel auf die Schale schlagen. Das sollte die Granatapfelkerne aus der Schale lösen.

Alle Zutaten in eine Schüssel geben, umrühren und servieren.

Dieses Dessert ist sehr nahrhaft und ein Feuerwerk an Aromen und Farben.

Brotpudding

Eines der einfachsten und preiswertesten Rezepte als Überraschung zum sonntäglichen Familienfrühstück. Er ist im Handumdrehen gemacht und eine gute Resteverwertung für altbackenes Brot.

● einfach ○ 20 Portionen ⏱ 60 Minuten Ⓥ vegan optional ✗ glutenfrei optional

---

425 g	Brot, in Stücke geschnitten (oder glutenfreies Brot)
70 ml	Milch (oder Sojamilch)
200 ml	Sahne (oder Sojasahne)
85 g	Zucker
1 EL	Vanilleessenz
1 TL	Zimtpulver
20 g	geschmolzene Butter (oder Margarine)
100 g	Schokolade (50 % Kakaoanteil)
100 g	geröstete Haselnüsse/Walnüsse
30 g	Kokosmehl
50 g	Rosinen
2	Bananen, gewürfelt
2	Eier (oder 60 g Sojasahne)
	Muskatnuss
	Rohrzucker
	Butter (oder Margarine) für die Kruste

Das Brot, die Milch, die Sahne, den Zucker, die Vanille, den Zimt, die geschmolzene Butter und etwas Muskatnuss in einer mittelgroßen Schüssel mit einem Kochlöffel mischen. Mit Klarsichtfolie abdecken und beiseite stellen.

Die Schokolade und die Nüsse grob hacken, das Kokosmehl in einer Stielpfanne anrösten, die Rosinen in heißem Wasser quellen lassen und abgießen.

Den Backofen auf 175 °C vorheizen.

Die übrigen Zutaten einschließlich der Bananenwürfel und verquirlten Eier in die Brotmischung rühren.

Die Mischung in eine gebutterte Backform (25 × 35 cm) geben, mit Rohrzucker bestreuen und mit Butterflocken belegen.

Im heißen Ofen 15 Minuten backen.

Sfoglia Croccante al Cocco

Die hauchdünnen Gebäckblätter, gefüllt mit einer veganen Kokoscreme, zergehen auf der Zunge und sind angerichtet ein kleines Kunstwerk auf dem Teller. Ein Glas *Aleatico di Puglia* rundet die süße Sünde ab.

---

 schwierig   8 Portionen   45 Minuten   **vegan** optional   glutenfrei optional

---

Gebäckblätter

30 g	Mehl (oder glutenfreies Mehl)
30 g	Puderzucker
30 g	zerlassene Butter (oder Margarine)
30 g	Eiweiß (oder Sojasahne), ungeschlagen

Füllung

150 g	gemischte Beeren (frisch oder gefroren)
1 ½ EL	Zucker
1 TL	Crème de Cassis (Likör)
2 Tropfen	Zitronensaft
½ TL	Maisstärke
300 ml	Sahne mit hohem Fettgehalt (oder Sojaschlagsahne)
2 EL	Puderzucker + etwas zum Bestreuen
4 EL	Kokosmehl
1 TL	Kokossirup
1 EL	Pfefferminzblätter, fein gehackt
2 EL	Reismalzsirup

Zubereitung

Die Zutaten für das Feingebäck in einer kleinen Schüssel gründlich verrühren.

Die Beeren, den Zucker, die Crème de Cassis und 2 Tropfen Zitronensaft in einer zweiten kleinen Schüssel mischen.

Den Backofen auf 175 °C vorheizen.

Ein mit einer Silikonbackmatte ausgelegtes Backblech bereitstellen.

Mit einem Pinsel (4 cm breit) etwas Teig aufnehmen und ein Rechteck von 10 cm Länge auf die Backmatte streichen. Den Vorgang wiederholen, bis der Teig aufgebraucht ist. Ungefähr 4 Minuten goldbraun backen. Aus dem Ofen nehmen und die Gebäckblätter mit einem Spatel auf eine mit Küchenpapier ausgelegte Platte legen. Vollkommen auskühlen lassen.

Den durch die Marinade entstandenen Saft der Beeren abgießen und dabei auffangen, die Beeren in den Kühlschrank stellen. Den Saft in eine kleine Stielkasserolle gießen, die Maisstärke einrühren und auf kleiner Flamme etwas eindicken. Mit Klarsichtfolie abdecken und beiseite stellen.

In einer mittelgroßen Schüssel die Sahne mit dem Puderzucker steif schlagen und das Kokosmehl und den Kokossirup vorsichtig unterheben.

Die Pfefferminze in einer Schüssel mit dem Reismalzsirup vermischen. Beiseite stellen.

Einen Spritzbeutel mit einer großen, offenen Sterntülle vorbereiten. Die Kokoscreme in den Spritzbeutel füllen und in den Kühlschrank legen.

Anrichten

Eine kleine Menge der Beerensauce auf einen Teller geben und ein Gebäckblatt darauflegen. Ein Kokoscremehäufchen in die Mitte des Gebäcks spiralförmig von außen nach innen spritzen. Einige Beeren auf die Creme legen und ein zweites Gebäckblatt darüberlegen. Den Vorgang wiederholen und mit dem dritten und letzten Gebäckblatt abschließen.

Einige Tropfen Pfefferminzsirup darüberträufeln und mit etwas Puderzucker bestreuen.

Die übrigen 7 Portionen auf dieselbe Art anrichten.

Ananas Flambé

Flambierte Ananaswürfel sind ein spektakuläres Dessert für Gäste. Mit diesem schnellen und einfachen Rezept ist ein Erfolg sicher. Gelegentlich ist es ein Kinderspiel, Kochkunst zu zelebrieren.

● einfach ◯ 6 Personen 🕒 15 Minuten + 3 Stunden Kühlung Ⓥ vegan optional ⓧ glutenfrei

---

Matcha-Gelee

250 ml	Wasser
25 g	Zucker
1	Pfefferminzzweig
½ TL	Agar-Agar
¼ TL	Matcha-Tee

Sambuca (Likör) zum Flambieren

Für das Gelee sämtliche Zutaten bis auf den Matcha-Tee in einer Stielkasserolle mischen. Aufkochen, gelegentlich umrühren, um Klümpchenbildung zu vermeiden, und ungefähr 2 Minuten köcheln lassen.

Auf 70 °C abkühlen (oder 8 Minuten von der Kochstelle nehmen), die Pfefferminze herausnehmen, das Matcha-Pulver kräftig einrühren. Durch ein Sieb streichen und in Silikonförmchen (5 Stück, je 8 × 3 × 3 cm) füllen.

Ungefähr 3–4 Stunden in den Kühlschrank geben. Danach in Würfel schneiden.

Ananas

1	Ananas
3 EL	Ghee (oder Margarine)
2 EL	Sesam
3 EL	Rohrzucker
1 EL	Zitronensaft
3 EL	Tequila

Die Ananas schälen und in 2 cm dicke Scheiben schneiden. Den Strunk in der Mitte entfernen und jede Scheibe in 8 gleich große Stücke schneiden.

Das Ghee in einer antihaftbeschichteten Kasserolle erhitzen, den Sesam hineingeben und leicht anrösten. Die Ananasstücke, den Zucker und den Zitronensaft dazugeben. Eine Minute simmern lassen. Den Tequila angießen. Eine weitere Minute rühren.

Die Ananasstücke auf 8 Einzelteller verteilen, 1 EL Sambuca darum herum gießen und anzünden.

Sofort zusammen mit den Geleewürfeln servieren.

> Das Gelee am Vortag oder mindestens vier Stunden vor dem Servieren zubereiten.

Cannoli di Pasta Filo alla Rodrigo

Filoteig ist ein Multitalent, denn er kann für süße und salzige Rezepte verwendet werden. Hier füllt unser Souschef Rodrigo die Filoteigrollen mit einer köstlich-würzigen Mandelpaste.

- einfach
- 4 Personen
- 30 Minuten

260 g	Mandeln, fein gehackt	Zimtpulver
50 g	Zucker	Limonenabrieb
12 g	Butter + zum Bestreichen	
1 TL	Orangenblütenwasser	
4	Blätter Filoteig	
50 ml	Honig	

Den Ofen auf 210 °C Umluft vorheizen.

Die Mandeln und den Zucker mischen. Mit der Butter, dem Orangenblütenwasser und Zimt zu einer Paste verrühren.

Ein Teigblatt ausrollen, mit Butter bepinseln, ein Viertel der Füllung daraufgeben und zu einer 3 cm dicken Rolle aufrollen. In drei ungefähr 8 cm lange Stücke schneiden. Mit den restlichen Teigblättern ebenso verfahren.

5–6 Minuten im Ofen goldbraun backen.

Mit einem leichten, duftenden Sirup aus mit etwas Wasser erwärmtem und mit Limonenabrieb veredeltem Honig anrichten.

Heiß mit Feigeneis (siehe Seite 301) servieren.

Torta Speziata alla Cleophus

Dieser Gewürzkuchen ist ein eigens für dieses Buch von unserem Souschef Cleophus entwickeltes Rezept. Genießen Sie das Cajun-Flair dieser großartigen Gewürzkomposition bei einem sommerlichen Abendessen. Ein guatemaltekischer *Ron-Zacapa-Rum* passt perfekt.

 mittelschwer   6 Personen   60 Minuten   ✗ glutenfrei optional

Kuchen

150 g	Butter + zum Fetten der Form	1 TL	Zimt
600 ml	Wasser	1 TL	Muskatnuss
200 g	Rosinen	1 TL	Nelken, gemahlen
360 g	Mehl (oder glutenfreies Mehl)	1	Prise Vanillepulver
¼ TL	Salz	3	Eier, verquirlt
2 TL	Backpulver	75 g	Walnüsse, gehackt
350 g	Zucker		

Den Backofen auf 175 °C Umluft vorheizen. Eine antihaftbeschichtete Backform (30 × 12 cm) mit Butter einfetten.

Das Wasser, die Hälfte der Rosinen und die Butter in eine Kasserolle geben. Auf mittlerer Flamme bedeckt 10 Minuten aufkochen. Von der Kochstelle nehmen, den Deckel entfernen und auf Raumtemperatur abkühlen lassen.

Die Zutaten in Pulverform in eine große Schüssel sieben und kräftig mischen.

Die abgekühlte Rosinenmischung in die trockenen Zutaten gießen und mit einem Löffel zu einer homogenen Masse vermischen. Die verquirlten Eier einrühren.

Den Teig in die vorbereitete Form geben, mit Walnüssen und den restlichen Rosinen bestreuen. 45–55 Minuten backen. Der Kuchen ist fertig, wenn an einer Nadel, die man einsticht, nichts hängen bleibt. Die Oberfläche sollte dunkelbraun sein. Auf Raumtemperatur abkühlen lassen.

Rum-Glasur

2 EL	Butter	Milch für die gewünschte Konsistenz
120 g	Sahne mit hohem Fettgehalt	
300 g	Puderzucker	
¼ TL	Vanillepulver	
85 ml	weißer Rum	

Die Butter schmelzen und erkalten lassen. Mit der Sahne, dem Puderzucker, dem Vanillepulver und dem Rum vermischen.

Ist die Glasur zu dick, etwas Milch hinzufügen, bis die gewünschte Konsistenz erreicht ist.

Den fertigen Kuchen mit der Glasur verzieren.

Waffeln

Die köstlichste Frühstücksvariante kommt aus Belgien. Dabei bitte nie Sirup und Obst vergessen! Belegen Sie die Waffeln hemmungslos mit allen süßen Sünden, derer Sie habhaft werden können.

● einfach   ◌ 6 Personen   ◷ 20 Minuten

140 g	Mehl
1 TL	Backpulver
½ TL	Zimt
2	Eier
½	Bio-Orange, Zesten
75 g	Zucker
80 g	weiche Butter
140 ml	Milch
3 Tropfen	Orangenessenz
½ TL	Vanilleessenz
je 1 EL	Rum und Grand Manier

Das Mehl, das Backpulver und den Zimt in eine Schüssel sieben.

Die Eier trennen. Die Orangenzesten und drei Viertel des Zuckers unter die Eigelbe mischen und diese zu einer hellgelben Masse aufschlagen. Nach und nach die bei Raumtemperatur weich gewordene Butter mit dem Schneebesen einrühren, bis eine cremige Masse entsteht. Die Milch, die Essenzen und die alkoholischen Getränke mischen, in die Eiercreme rühren und die Mehlmischung mit dem Schneebesen einarbeiten.

Das Eiweiß mit dem restlichen Zucker steif schlagen und vorsichtig unter die Teigmischung heben. Beiseite stellen. Mit einem Küchentuch abdecken.

Die Waffeln in einem Waffeleisen backen und mit Obst, Marmelade, Joghurt etc. und natürlich Ahornsirup servieren.

 Für dieses Rezept benötigt man ein Waffeleisen.

Salame Dolce

Diese „süße Salami" ist trotz des Namens ein vegetarisches Dessert und eine saftige, schmackhafte Speise, für die kein Schwein sein Leben lassen muss!

- schwierig
- 12 Personen
- 20 Minuten

65 g	trockene Kekse (Vollkornkekse)
60 g	gemischte Nüsse (Mandeln, Haselnüsse, Walnüsse usw.)
40 g	Kakaopulver
60 g	weiche Butter
60 g	Zucker
1	Ei
1	Eigelb
1	Prise Vanillepulver
1 EL	brauner Rum

Puderzucker zum Bestreuen

In der Küchenmaschine zuerst die Kekse, dann die Nüsse grob zerkleinern.

In einer Schüssel mischen und die anderen Zutaten (die Eier leicht verquirlt) mit Ausnahme des Puderzuckers dazugeben.

Gründlich verrühren. Alles auf ein Blatt Pergamentpapier geben und so fest einwickeln, dass die Form einer Wurst entsteht.

Mindestens 3 Stunden in das Gefrierfach legen.

Vor dem Servieren mit Puderzucker bestreuen, in Scheiben schneiden und zusammen mit gutem braunem Rum servieren.

Tapioca al Vino

Dieses Dessert wird auch „süßer Kaviar" genannt. Es handelt sich um ein ungewöhnliches brasilianisches Dessert, das von deutschen Immigranten stammt und von italienischen Einwanderern weiterentwickelt wurde. Es besteht aus Tapioka-Perlen und Rotwein. Ein echter Genuss! Man kann es auch aus Fruchtsäften, Milch und Kokosnuss zubereiten.

| einfach | 6 Personen | 20 Minuten + 5 Stunden Ruhe | glutenfrei |

Baiser

75 g	Eiweiß
50 g	Streuzucker
50 g	Puderzucker
½ TL	Zitronensaft

Tapioka

60 g	Tapioka-Perlen (Sago)	100 g	Zucker
185 ml	Wasser	1	kleine Zimtstange
125 ml	Rotwein	2	Nelken

Garnierung

150 g	Sahne mit hohem Fettgehalt
½ EL	Puderzucker
4 EL	Maronencreme
4 EL	Baiser, in Stücke gebrochen

Baiser

Den Backofen auf 90 °C vorheizen und ein Backblech mit Backpapier auslegen. Beiseite stellen.

Das Eiweiß in einer großen Schüssel mit dem Handmixer bei niedriger Drehzahl nicht ganz steif schlagen. Auf höchste Drehzahl schalten und unter Rühren den Streuzucker, dann den Puderzucker esslöffelweise einrieseln lassen. Den Zitronensaft dazugießen und weiterschlagen, bis das Eiweiß steif und glänzend ist.

Die Baisermasse in einen Spritzbeutel mit einer glatten, runden Tülle (½ cm) füllen. Haselnussgroße Tropfen auf das vorbereitete Backpapier spritzen. Die Mini-Baisers im heißen Ofen 1 ½ Stunden backen. Den Backofen ausschalten und die Baisers weitere 30 Minuten bei offener Backofentür im Ofen belassen, bis sie trocken sind. Die kalten Baisers vorsichtig vom Papier lösen und in einer Blechdose aufbewahren. Man kann diese Baiser-Perlen ganz oder in Stücke gebrochen zur Dekoration von Süßspeisen verwenden.

Tapioka und Dekoration

Die Tapioka-Perlen 1 Stunde in warmem Wasser einweichen. Abtropfen lassen und beiseite stellen.

Das Wasser in einer kleinen Stielkasserolle aufkochen, die Tapioka-Perlen und die anderen Zutaten dazugeben und weiterkochen, bis die Tapioka-Perlen glasig werden.

Die Mischung auf 6 Martinigläser verteilen, abkühlen lassen und mindestens 4 Stunden in den Kühlschrank stellen.

Die Sahne mit dem Puderzucker in einer Schüssel steif schlagen und beiseite stellen. In einer anderen Schüssel ein Drittel der Schlagsahne unter die Maronencreme mischen und beiseite stellen.

Kurz vor dem Servieren die Tapioka aus dem Kühlschrank nehmen, eine kleine Menge der Kastanienmischung auf jede Portion geben. Mit den Baiserbröseln bestreuen und ein Schlagsahnehäubchen daraufsetzen.

Elegant, interessant, einfach ... fantastisch!

Torta di Carote e Cioccolato

Karotten sind süß und in vielen Ländern Bestandteil von Torten und Gebäck. Die Kombination mit Schokolade ist eine der einfachsten Möglichkeiten, ein wunderbares Dessert zu zaubern. Es sieht gut aus und schmeckt köstlich! Mit einem Glas *Moscato d'Asti* wird daraus ein Fest!

● einfach	🕒 16 Portionen	⏱ 60 Minuten	✖ glutenfrei optional

Kuchen

30 g	Rosinen
6	Backpflaumen, grob gehackt
150 g	Karotten, geraspelt
30 g	Kokosmehl
40 g	Mandelmehl
30 g	Schokotropfen
½ TL	Zimtpulver
4	Eier, Raumtemperatur
120 g	Kristallzucker
80 ml	Kernöl (Sonnenblumen-, Mais-, Erdnuss- …)
125 ml	Joghurt, natur
180 g	Mehl (oder glutenfreies Mehl)
2 TL	Backpulver
	Butter und Mehl für die Form

Füllung und Sirup

100 ml	Wasser
30 g	Kristallzucker
40 ml	Grand Marnier
200 g	Pflaumen- oder Kirschmarmelade

Glasur

80 g	Puderzucker
40 g	Kakaopulver
60 g	Butter, gewürfelt
90 ml	Sahne (35 % Fett)
20 ml	heißer Kaffee
1 EL	Kaffee-Likör (Kahlúa)
	Schokostreusel zur Dekoration

Den Backofen auf 175 °C vorheizen.

Eine runde Kuchenform (25 cm Durchmesser) einfetten und bemehlen.

Für den Sirup das Wasser und den Zucker in einer Kasserolle aufkochen und kochen lassen, bis sich der Zucker vollständig aufgelöst hat. Den Likör eingießen, umrühren und zum Abkühlen beiseite stellen. In einer Schüssel die Rosinen, die Backpflaumen, die Karotten, das Kokosmehl, das Mandelmehl, die Schokotropfen und den Zimt mischen. Beiseite stellen.

Die Eier und den Zucker mit dem Handmixer in einer Schüssel zur doppelten Menge aufschlagen. Das Öl und den Joghurt nach und nach einrühren, das Mehl und das Backpulver darübersieben. Auf die niedrigste Drehzahl schalten und weiterrühren, bis ein homogener Teig entstanden ist. Die übrigen Zutaten mit einem Spatel unterheben. Den Teig in die Backform gießen und 30–35 Minuten backen. Aus dem Ofen nehmen und abkühlen lassen.

Mit einem scharfen Brotmesser die Kuchendecke glätten. Den Kuchen halbieren. Die untere Hälfte mit der Hälfte des Sirups tränken, mit Marmelade bestreichen, die zweite Hälfte darauflegen und mit dem restlichen Sirup tränken.

Die Zutaten für die Glasur in eine Schüssel geben und zu einer glatten, buttrigen Creme aufschlagen. Den Kuchen mit der Schokoladencreme bestreichen und mit Schokostreuseln bestreuen.

Biscotti

Hier handelt es sich um ganz altmodische Kekse, die Leib- und Magenspeise der Kinder. Sie eignen sich vorzüglich für Kindergeburtstage. Und der Rest der Familie greift auch gern zu.

● einfach ◯ 40 Stück ⏱ 30 Minuten   vegan optional

Mürbteigkekse

300 g	feines Weizenmehl
100 g	Maismehl
100 g	Zucker
120 g	Haselnüsse, gehackt
100 g	Butter (oder Margarine) + zum Fetten der Form
1	Prise Salz

Alle Zutaten in einer Schüssel mischen und schnell zu einem leicht krümeligen Teig verkneten.

Eine Backform (22 × 30 × 5 cm) mit Butter ausfetten, mit der Mischung auslegen und leicht flachdrücken. Mit einem Messer ein Raster über den Teig ziehen, um die Größe der Kekse vorzugeben. Im vorgeheizten Backofen bei 175 °C 20 Minuten backen.

Vor dem Servieren abkühlen lassen.

Haferkekse

150 g	Zucker
150 g	Hafermehl
200 g	feines Weizenmehl
½ TL	Natron
150 g	kalte Butter, gewürfelt (oder Margarine) + zum Fetten der Form
270 g	Konfitüre nach Wahl (Feige, Kirsche ...)

Die trockenen Zutaten in einer Schüssel schnell mit der Butter zu einem groben Teig verkneten.

Die Konfitüre in einem kleinen Topf warm und weich werden lassen.

Eine Backform (22 × 30 × 5 cm) mit Butter einfetten, die Hälfte der Teigmischung einlegen und leicht flachdrücken. Mit Marmelade bestreichen. Die zweite Hälfte zwischen den Handflächen flachdrücken, darüberdecken und leicht anpressen. Mit einem Messer ein Raster einritzen, das die Größe der Kekse vorgibt. Im vorgeheizten Backofen bei 175 °C 20 Minuten backen.

Abkühlen lassen und servieren.

Glutenfreie Pfannkuchen

Ein weiteres gutes und schnelles glutenfreies Rezept für ein opulentes Frühstück. Die Familie ist sicher begeistert. Hier dürfen alle genießen!

einfach	4 Personen	20 Minuten	vegan	glutenfrei

60 ml	Sojasahne
4 ½ EL	Maisöl oder Margarine
40 g	Zucker
115 ml	Sojamilch
1 TL	Rum
1 Tropfen	Vanilleessenz
2 Tropfen	Orangenessenz
115 g	glutenfreies Mehl
2 EL	Maisstärke
1 Prise	Zimt
1 TL	Orangenschale, gerieben
1 TL	Backpulver
1 Prise	Salz

Die Sojasahne unter Zugabe des Maisöls bzw. der Margarine und von 1 EL Zucker aufschlagen. Die Sojamilch, den Rum und die Essenzen untermischen.

Das Mehl, die Maisstärke, den Zimt, die geriebene Orangenschale, den restlichen Zucker, das Backpulver und das Salz in einer Schüssel vermengen. Die flüssige Mischung einrühren und mit dem Handmixer aufschlagen.

Die Pfannkuchen backen und zusammen mit Früchten, Konfitüre oder Sirup servieren.

Torta allo Yogurt

Dieser Joghurtkuchen ist leicht und ein schmackhafter Beitrag für jede Art von Frühstück oder Brunch.

● einfach ◯ 16 Portionen ⏱ 45 Minuten

3	Eier
230 g	Zucker
1	Zitrone, Abrieb
120 ml	Maiskeimöl
120 ml	Joghurt, natur
260 g	feines Weizenmehl
1 ½ TL	Backpulver
100 g	weiße Schokolade, grob gehackt
100 g	Marmelade

Butter + Mehl für die Form
Puderzucker zum Bestreuen

Eine runde Springform (26 cm) mit Pergamentpapier auslegen. Mit Butter einfetten und mit Mehl auskleiden. Den Backofen auf 180 °C vorheizen.

Die Eier, den Zucker und den Zitronenabrieb zu einer blassgelben Masse aufschlagen. Mit dem Schneebesen zuerst das Öl, dann den Joghurt in die Eimischung einschlagen, bis eine homogene Masse entstanden ist. Das Mehl und das Backpulver einrühren und die weiße Schokolade unterheben. Sofort in die Springform gießen. Mit einem Teelöffel kleine Marmeladenportionen auf der Teigoberfläche verteilen und im heißen Ofen 35 Minuten backen.

Erkalten lassen, mit Puderzucker bestreuen und servieren.

Pastiera Napoletana

Kein Osterfest in Neapel ohne die Ostertorte *Pastiera*. Der Duft von Orangenblütenwasser durchzieht die gesamten Ostertage.

 schwierig   16 Portionen   60 Minuten + 60 Minuten Ruhezeit

Mürbteig

250 g	feines Mehl
100 g	Zucker
100 g	Butter, Raumtemperatur
1	Ei
1 TL	Backpulver
1 TL	trockener Marsala
1 TL	Zitronensaft
½	Zitrone, Abrieb

Vanillepudding

50 ml	Milch
50 ml	Sahne
¼	Mark einer Vanilleschote
1	Bio-Zitrone, Zesten
1	Eigelb
20 g	Zucker
4 g	Maisstärke

Creme

150 g	Weizenkörner, ganz (300 g, wenn gekocht)
150 ml	Milch
5 g	Butter
250 g	Ricotta, durch ein Sieb gestrichen
180 g	Zucker
2	Eier
1	Eigelb
½	Bio-Orange, Abrieb
¼	Bio-Zitrone, Abrieb
1	Prise Salz
	Orangenblütenwasser
	Zimt
	Puderzucker zum Bestreuen

Füllung

Die Weizenkörner eine halbe Stunde in warmem Wasser einweichen, das Wasser abgießen und in frischem, heißem Wasser weich kochen. Überschüssiges Wasser abgießen und auf kleiner Flamme zusammen mit der Milch und der Butter 12–15 Minuten kochen. Drei Viertel der Menge noch warm abtrennen und den Ricotta, den Zucker, die Eier, das Eigelb, den Orangen- und Zitronenabrieb, Orangenblütenwasser sowie Zimt und Salz einrühren. Gut durchrühren und abkühlen lassen.

Für den Vanillepudding die Milch, die Sahne und die Vanille mit der Zitronenschale erhitzen, aber nicht kochen. Warm halten.

In einer Stielkasserolle das Eigelb und den Zucker aufschlagen, die Maisstärke hinzufügen und die Masse zu einer hellgelben Creme verrühren. Die Milch-Vanille-Mischung unter ständigem Rühren, um Klümpchenbildung zu vermeiden, dazugeben. Erhitzen, bis die Creme eindickt. Die Zitronenzesten entfernen und abkühlen lassen.

Die Weizen-Ricotta-Mischung unter den Vanillepudding mischen.

Mürbteig

Alle Zutaten auf einer sauberen Arbeitsfläche zu einem Teig verkneten, der nicht klebrig oder zu feucht sein darf. In Klarsichtfolie wickeln und mindestens 15 Minuten in den Kühlschrank legen.

Zubereitung

Eine Backform (25 cm Durchmesser) mit Backpapier auslegen.

Drei Viertel des Teiges abtrennen und zwischen zwei bemehlte Blätter Backpapier legen. Mit einem Nudelholz zu einem Kreis von 35 cm Durchmesser ausrollen und die Backform damit auslegen. Einen Rand hochziehen.

Die Weizen-Ricotta-Creme in die Backform gießen. Von dem restlichen Teig Streifen schneiden und damit ein Gitter über die Creme legen. Mit einem scharfen Messer den Teigrand egalisieren, nach innen klappen und an den Streifenenden des Teiggitters festdrücken.

Die Torte im heißen Ofen bei 175 °C 25–30 Minuten backen, bis sie goldbraun wird. Den Ofen abschalten und den Kuchen bei leicht geöffneter Backofentür noch 30 Minuten ruhen lassen.

Aus dem Ofen nehmen und mit Pergamentpapier bedeckt noch einen Tag ziehen lassen. Vor dem Servieren mit Puderzucker bestäuben.

„Currite, giuvinò! Ce stà 'a pastiera! E' nu sciore ca sboccia a primmavera, e con inimitabile fragranza soddisfa primm 'o naso, e dopp'a panza. Pasqua senza pastiera niente vale: è 'a Vigilia senz'albero 'e Natale, è comm 'o Ferragosto senza sole."

„Lauf, mein Junge, die Pastiera ist fertig! Aufgegangen wie eine Blüte im Frühling, steigt ihr Duft betörend in die Nase und füllt wohlig den Bauch. Ostern ohne Pastiera ist wie Weihnachten ohne Christbaum oder ein Hochsommer ohne Sonne!"

Torrone al Cioccolato

Diese Variante des Weißen Nugats ist eine üppige Süßspeise aus Süditalien, wo sie schon seit Langem als typisches Naschwerk zubereitet wird. Ein großartiges Dessert!

 mittelschwer   8–10 Personen   30 Minuten + 4 Stunden Ruhe   glutenfrei optional

Himbeerganache

100 g	weiße Schokolade, gehackt
50 ml	Sahne, mit hohem Fettgehalt
50 g	Himbeeren

Die Zutaten in einer Schüssel im Wasserbad erhitzen, bis die Schokolade vollständig geschmolzen ist. Durch ein Sieb streichen, abkühlen lassen und für mindestens 4 Stunden in den Kühlschrank stellen.

Gelee

90 g	säuerliche Kirschkonfitüre
100 ml	Wasser
1 TL	Agar-Agar

Alle Zutaten in eine kleine Kasserolle geben. Unter ständigem Rühren aufkochen und auf 12 stangenförmige Silikonförmchen verteilen. Erkalten lassen. Ist die Gelatine fest, in Würfel schneiden.

Torrone & Anrichten

63 g	Nugat, in Stücke geschnitten (oder glutenfreier Nugat)
1	Ei, getrennt
25 g	Puderzucker
100 ml	Sahne, hoher Fettgehalt
38 g	dunkle Schokolade (50 % Kakaoanteil), fein gehackt

Die Nugatstücke 15 Minuten in das Gefrierfach legen. Den gefrorenen Nugat mit dem Rührstab zu Pulver reduzieren. In einer mittelgroßen Schüssel das Eigelb mit dem Puderzucker zu einer blassgelben Creme aufschlagen und beiseite stellen. In einer zweiten Schüssel die Sahne steif schlagen. In einer dritten Schüssel das Eiweiß steif schlagen. Die Eicreme, die Schokolade und das Nugatpulver mit einem Spatel unter die Schlagsahne heben. Zuletzt das Eiweiß zu der Mischung geben.

Eine Dreieckform (6 × 6 × 23) mit Klarsichtfolie auslegen, die Nugatmischung eingießen, mit Folie bedecken und mindestens 4 Stunden gefrieren lassen. Das Halbgefrorene in 1,5 cm dicke Scheiben schneiden und mit Nocken aus der Himbeerganache und 3–4 Geleewürfeln servieren.

Die Gäste wissen die Ästhetik und Formenvielfalt des Desserts sicher zu schätzen.

Glutenfreie Muffins

Gekaufte glutenfreie Produkte und Backwaren sind häufig eine große Enttäuschung. Hier ist ein ausgezeichnetes Rezept für saftige, aromatische Muffins. Glutenfreie Backkunst vom Feinsten!

einfach · 22 Stück · 35 Minuten · glutenfrei

300 g	glutenfreies Mehl
4 EL	Maisstärke
160 g	Zucker
1 ½ TL	Hefe
200 g	warme Milch
1	kleine Kartoffel, gekocht und püriert
2	Eier
150 g	Schokoladenchips
4 TL	Kakaopulver
1 Prise	Vanillepulver
3 EL	Olivenöl extra vergine
	Zimt

Den Backofen auf 180 °C vorheizen.

In einer Schüssel das Mehl, die Maisstärke und den Zucker mischen und eine Vertiefung in der Mitte machen. Die Hefe in der lauwarmen Milch auflösen und mit der Kartoffel und den verquirlten Eiern in die Vertiefung geben. Die Zutaten mit einem großen Küchenspatel durchkneten. Den Teig immer von unten nach oben wenden, um Luft hineinzubringen, bis er glatt und elastisch ist. Die Schokochips, das Kakaopulver, eine Prise Vanillepulver und etwas Zimt dazugeben und gut einarbeiten.

2 Silikonmatten mit je 11 Mini-Muffinformen leicht mit Olivenöl ausfetten.

Den Teig in die Förmchen füllen und 15 Minuten backen. Die Muffins herausnehmen und auf einem Kuchengitter auskühlen lassen.

Sofort servieren.

Chiacchiere di Zia Renata

Dieses Fettgebackene heißt in Italien *Chiachiere* („Geschwätz"), eine Lautmalerei der Geräusche beim Hineinbeißen. Hier das Rezept von Zia Renata. *Chiachiere* sind als Karnevalsgebäck in ganz Italien beliebt, auch wenn sie je nach Region unter anderen Namen bekannt sind *(frappe, bugie)*. Sie sind einfach und schnell in großen Mengen zu backen! Zur großen Freude der Kinder!

● einfach   ◎ 10 Personen   ◷ 25 Minuten   Ⓥ vegan optional

---

250 g	feines Weizenmehl	Erdnussöl zum Frittieren
25 g	Butter (oder Margarine), zerlassen	Puderzucker zum Bestäuben
		Zitronenzesten zum Verzieren
25 g	Zucker	
1	Ei (oder Sojamilch)	
50 ml	trockener Weißwein	
1 TL	weißer Rum oder Grappa (40 % Alkohol)	

Die Teigzutaten in eine Schüssel geben und zu einem Teig verarbeiten. Den Teig auf die Arbeitsfläche legen und kneten, bis er eine glatte, geschmeidige Kugel bildet. Mit einem Tropfen Öl einfetten, in Klarsichtfolie einschlagen und 15 Minuten ruhen lassen.

Den Teig mit Hilfe einer Pastamaschine oder dem Nudelholz sehr dünn ausrollen. Mit einem Pizzaschneider oder einem scharfen Messer in Quadrate (8 cm) schneiden und jedes Quadrat wiederum zweimal diagonal einschneiden.

Bei 160 °C in Öl frittieren. Hat das Gebäck eine leicht goldene Färbung angenommen, aus dem Öl nehmen, auf Küchenpapier abtropfen lassen und mit Puderzucker und Zitronenzesten bestreuen.

Cantucci al Vin Santo

Die ursprünglich aus der Toskana stammenden Kekse sind inzwischen weltberühmt. Schuld daran ist nicht zuletzt, dass sie traditionell mit *Vin Santo* serviert werden. Das in den Dessertwein getauchte Gebäck ist ein Genuss!

● einfach   ◐ 20 Kekse   ⏱ 30 Minuten

1	Ei
1	Eigelb
112 g	Zucker
70 g	Butter, Raumtemperatur
175 g	feines Mehl
½ TL	Backpulver
½	Bio-Zitrone, Zesten
30 g	dunkle Schokochips
30 g	weiße Schokochips
40 g	ungeschälte Mandeln
	frisches Vanillemark
	verquirltes Ei
	Vin Santo (Dessertwein)

Das Ei und das Eigelb mit dem Zucker aufschlagen. Die Butterstückchen hinzufügen und das Ganze zu einer cremigen Masse verrühren. Das Mehl, das Backpulver, die Zitronenzesten und das Vanillemark einarbeiten. Mit einem Teigspatel die Schokochips und die Mandeln unterheben.

Den Backofen auf 180 °C vorheizen.

Ein Backblech mit Backpapier auslegen. Zwei längliche Laibe (3 cm breit) aus dem Teig formen, auf das Blech legen, mit verquirltem Ei bestreichen und 15 Minuten backen. Aus dem Ofen nehmen, diagonal in 1,5 cm breite Scheiben schneiden, diese mit der Schnittfläche auf ein zweites Blech legen und bei 170 °C weitere 6 Minuten backen.

Die köstlichen Cantucci in Vin Santo getunkt verzehren!

Gelato

Gelato („Eis") ist vielleicht die weltweit bekannteste italienische Vokabel. Jeder lernt sie schon beim ersten Italienbesuch. Hier lernen Sie, wie man es zubereitet!

| einfach | 6 Kugeln (jeder Sorte) | 30 Minuten + 2,5 Stunden Gefrierzeit | vegan (nur die Sorbets) | glutenfrei |

Melonen-Sorbet

150 g	Melone, gewürfelt	¼ TL	Johannisbrotkernmehl (Carubin)
80 g	Zucker	500 g	Melonenfleisch, püriert
1 EL	Traubenzucker	1 TL	Zitronensaft
1 Prise	Zitronenabrieb		
85 ml	Wasser		

Die Melonenwürfel mit 30 g Zucker bei mittlerer Hitze in einer Stielkasserolle leicht karamellisieren.

50 g Zucker und den Traubenzucker mit dem Zitronenabrieb im Wasser aufkochen. Von der Kochstelle nehmen, das Carubin unterrühren und mit dem Handmixer aufschlagen, bis sich das Carubin restlos aufgelöst hat. Im Eiswasserbad abkühlen. Das Melonenpüree und den Zitronensaft in den kalten Sirup rühren, durch ein Sieb in eine Schüssel streichen, mit Folie bedecken und 2 Stunden in den Kühlschrank stellen.

Anschließend erneut mit einem Handmixer durchrühren, in die Eismaschine füllen. So lange gefrieren, bis das Sorbet eingedickt ist (20–25 Minuten). Die ausgekühlten Melonenwürfel dazugeben und warten, bis sich die Fruchtstücke komplett mit der Sorbetmischung verbunden haben und das Sorbet nahezu fest ist. In ein Plastikgefäß füllen, mit Klarsichtfolie bedecken und in das Gefrierfach stellen.

Ananas-Sorbet

200 g	Ananas, gewürfelt	¼ TL	Johannisbrotkernmehl (Carubin)
80 g	Zucker	400 g	Ananaspüree
85 ml	Wasser		
½ EL	Traubenzucker		

In einer Stielpfanne die Ananaswürfel mit 30 g Zucker bei mittlerer Hitze leicht karamellisieren.

Das Wasser, 50 g Zucker und den Traubenzucker in einer Stielkasserolle aufkochen. Von der Kochstelle nehmen, das Carubin hineingeben und mit dem Handmixer rühren, bis sich das Pulver restlos aufgelöst hat. In einem Eiswasserbad abkühlen. Das Ananaspüree in den erkalteten Sirup rühren, durch ein Sieb streichen, mit Folie bedecken und 2 Stunden in den Kühlschrank stellen.

Anschließend erneut mit dem Handmixer durchrühren, die Masse in die Eismaschine füllen und eindicken lassen (ungefähr 20–25 Minuten). Die abgekühlten Ananaswürfel dazugeben und warten, bis die Fruchtstücke komplett eingearbeitet sind und das Sorbet fast fest geworden ist. In ein Plastikgefäß füllen, mit Folie bedecken und ins Gefrierfach stellen.

Eis herstellen ohne Eismaschine:

Sie müssen das Eis während des Gefriervorgangs durchrühren, um ausreichend Luftblasen in die Mischung zu bekommen und große Eiskristalle aufzubrechen. Geben Sie dazu die Eis- oder Sorbetmischung in einen großen flachen Plastikbehälter und gefrieren Sie sie für etwa eine Stunde. Danach die Masse aus dem Gefrierschrank nehmen und mit einer Gabel oder einem Schneebesen kräftig durchrühren, um die Kristalle aufzubrechen. Anschließend die Masse eine weitere Stunde in den Gefrierschrank stellen. Den Prozess drei- bis viermal wiederholen, bis das Eis oder Sorbet eine cremige Konsistenz besitzt.

Weintrauben-Sorbet

1,5 kg	Concord-Trauben (oder blaue Trauben)	½ EL	Traubenzucker
½	Zitrone, Saft	¼ TL	Johannisbrotkernmehl (Carubin)
200 g	Zucker		

Sämtliche Trauben von den Rispen lösen und mit dem Zitronensaft pürieren. Das Püree durch ein Sieb in eine Schüssel streichen, um Kerne und Schalenteile zu entfernen.

Den Zucker und den Traubenzucker mit 200 ml des Traubenpürees in einer kleinen Stielkasserolle auf mäßiger Flamme aufkochen, bis sich der Zucker vollständig aufgelöst hat. Das Johannisbrotkernmehl mit dem Schneebesen kräftig unterrühren. Durch ein Sieb passieren und im Eiswasserbad abkühlen lassen. Beide Flüssigkeiten in einer Schüssel vermischen, mit Folie abdecken und für 2 Stunden in den Kühlschrank stellen.

Anschließend die Traubenmischung aus dem Kühlschrank nehmen, erneut mit dem Handmixer durchrühren, die Flüssigkeit in die Eismaschine füllen, einschalten und warten, bis das Sorbet nach ca. 20–25 Minuten eindickt.

Das Sorbet in ein Plastikgefäß geben, mit Folie abdecken und in das Gefrierfach stellen.

Avocado-Eis

1	reife Avocado	250 ml	Sahne mit hohem Fettgehalt
½	Zitrone, Saft	250 ml	Milch
2 EL	Zucker	100 ml	Kondensmilch

Die Avocado der Länge nach halbieren, den Kern herausnehmen, das Fleisch mit einem Löffel auskratzen und in eine Schüssel geben. Den Zitronensaft und den Zucker hinzufügen und mit dem Rührstab pürieren, bis eine glatte Creme entsteht. Die restlichen Zutaten dazugeben, eine weitere halbe Minute pürieren und durch ein Sieb in eine Schüssel streichen. Die Creme mit Folie abgedeckt für 1 Stunde in den Kühlschrank stellen. Die kalte Avocadocreme in die Eismaschine gießen und gefrieren, bis die Creme eine sahnige und feste Konsistenz erreicht.

Die Eiscreme in ein Plastikgefäß füllen, mit Folie abdecken und in das Gefrierfach stellen.

Feigen-Eis

300 g	Feigenkonfitüre	250 ml	Sahne mit hohem Fettgehalt
80 ml	Kondensmilch	2 TL	Zitronensaft
250 ml	Milch		

Alle Zutaten in einer mittelgroßen Kasserolle mischen und aufkochen. Durch ein Sieb streichen und im Eiswasserbad abkühlen lassen. Mit Folie abdecken und 2 Stunden in den Kühlschrank stellen. Danach mit dem Handmixer erneut durchrühren und anschließend in die Eismaschine geben. Das Eis ist fertig, wenn es eine cremige und feste Konsistenz erreicht hat.

Die Eiscreme in ein Plastikgefäß füllen, mit Folie abdecken und in das Gefrierfach stellen.

Torta di Noci

Diese saftige, sahnige Walnusstorte besitzt ein gut ausgewogenes nussiges Aroma. Ein intensiver und viel geliebter Genuss. Am besten mundet ein Glas *Barolo Chinato* (eine Art Digestif) dazu.

 einfach   6 Personen   60 Minuten   glutenfrei optional

Torte

100 g	Walnüsse, fein gehackt
50 g	dunkle Schokolade (50 % Kakaoanteil), gehackt
4	Eier
100 g	Zucker
2 EL	feine Semmelbrösel (oder glutenfreie Brösel)

Butter zum Fetten der Form

Füllung

350 ml	Sahne
3 EL	Puderzucker

Eine runde Silikonbackform (17,5 cm Durchmesser) mit Butter ausfetten.

Den Backofen auf 180 °C vorheizen.

Die Nüsse und die Schokolade mischen und beiseite stellen.

Die Eier trennen. Das Eiweiß steif schlagen, nach und nach den Zucker, die Eigelbe, die Nuss-Schokoladenmischung und die Semmelbrösel dazugeben.

Die Mischung in die Backform füllen und 22 Minuten backen.

Den abgekühlten Kuchen zweimal quer in drei Böden teilen.

Die Sahne mit dem Puderzucker steif schlagen und den unteren Boden mit der Sahne 1 cm dick bestreichen. Die mittlere Schicht daraufsetzen, leicht andrücken und den Vorgang mit der Schlagsahne wiederholen. Mit einem Küchenspatel die ganze Torte mit der restlichen Schlagsahne bestreichen. Anschließend nach Wahl verzieren. Ein Rand aus aufgespritzten Sahnehäubchen kommt immer gut an.

Die Torte vor dem Servieren 2 Stunden in den Kühlschrank stellen.

Banane Caramellate

Karamellisierte Bananen bieten sich als Dessert immer dann an, wenn die Bananen noch nicht richtig reif sind und Sie nur kurze Zeit auf die Zubereitung eines Desserts verwenden möchten. Man kann sie mit Sirup, Eiscreme und jeder süßen Garnierung servieren, die man gerade zu Hause hat. Mit dieser Süßspeise können Sie nichts falsch machen.

| einfach | 6 Personen | 20 Minuten | vegan optional | glutenfrei |

4	Bananen		Zimt
2 EL	Rohrzucker		Zitronensaft
4 TL	Butter (oder Margarine)		

Den Backofen auf 180 °C vorheizen.

Ein Backblech mit Backpapier auslegen. Die Bananen schälen und der Länge nach oder diagonal aufschneiden. Die Bananenstücke mit den Schnittflächen nach oben auf das Backpapier legen, mit Zimt und Zucker bestreuen, mit Butterflöckchen belegen und Zitronensaft darüberträufeln.

Im vorgeheizten Ofen 12 Minuten backen.

Mit Avocado-Eis (siehe Seite 301) servieren.

Nega Maluca

Nega Maluca ist der beliebteste brasilianische Schokoladenkuchen. Seinen Namen hat er aus der Kolonialzeit, als Sklaven von Afrika nach Südamerika „gebracht" wurden. Wörtlich übersetzt heißt er „Verrückte Afrikanerin". Man könnte danach verrückt werden!

 einfach   18 Portionen   40 Minuten

Kuchen

4	Eier
300 g	Zucker
60 ml	Maiskeimöl
40 ml	zerlassene Butter
300 g	feines Mehl
2 EL	Kakaopulver
2 TL	Backpulver
70 ml	heißes Wasser

Glasur

150 g	Puderzucker
64 g	Butter
20 g	Kakaopulver
20 ml	Kaffee-Likör (Kahlúa)
30 ml	Espresso

Eine rechteckige Backform (23 × 30 cm) mit Butter ausfetten und bemehlen.

Den Backofen auf 180 °C vorheizen.

Die Eier und den Zucker zu einer hellen, schaumigen Masse aufschlagen. Nach und nach mit dem Schneebesen das Öl und die Butter unterrühren. Unter Rühren das Mehl, das Kakaopulver und das Backpulver einstreuen und das heiße Wasser dazugeben. Dann sofort in die vorbereitete Backform gießen und im vorgeheizten Ofen 25 Minuten backen.

Alle Zutaten für die Glasur zusammen aufschlagen.

Den Kuchen aus dem Ofen nehmen, die Oberfläche mit einer Gabel mehrfach einstechen, die Glasur darüberstreichen und beiseite stellen. Den erkalteten Kuchen in Würfel schneiden und zu Kaffee oder Tee servieren.

Dolcetti Carote e Cocco

Diese süße Sünde aus Karotten und Kokosnuss gab es bei uns stets zu Geburtstagsfeiern. Eine prima Sache, hätte man als Kind nicht hilflos zusehen müssen, wie sich die eigenen Freunde damit heimlich die Taschen vollstopften. Na, Scherz beiseite – aber man sollte ein Auge auf sie haben!

- einfach
- 6 Personen
- 60 Minuten
- glutenfrei

280 g	Karotten
40 g	Ghee oder Butterschmalz
460 g	Zucker
250 ml	Milch
200 ml	frische Sahne, hoher Fettgehalt
100 g	Kokosmehl
	Butter
	Kokosraspel zum Verzieren
	Chilipulver
	Nelken

Die Karotten reiben und 5 Minuten in Butterschmalz sautieren. Die restlichen Zutaten dazugeben und weiterrösten, bis die Flüssigkeit vollständig verdampft ist und die Mischung eine hellbraune Färbung angenommen hat.

Die Mischung auf einem gebutterten Teller auskühlen lassen.

Viele kleine Bällchen daraus formen und in Kokosraspeln und etwas Chili wälzen. Zur Aromatisierung und Dekoration in jedes Bällchen eine Nelke stecken.

Es ist ein besonderes Geschmackserlebnis, wenn die Süße von Karotten und Kokosnuss mit der Schärfe der Gewürze auf der Zunge verschmilzt.

Pudim de Leite

Überall auf der Welt, wo Kühe gehalten werden, gibt es ein Rezept für Milchpudding. Seine Zubereitung beherrschen die Brasilianer ebenso großartig wie das Fußballspiel.

 einfach   8 Portionen   🕐 50 Minuten + 4 Stunden Kühlung   glutenfrei

Pudding

400 g	Kondensmilch
267 ml	Milch
2	Eier
½	Vanilleschote, Mark

Karamell

167 ml	Wasser
167 g	Zucker

Eine Backform mit einem Geschirrtuch auslegen. 8 Edelstahlformen für Crème Caramel (je 7 × 7 × 6 cm) hineinsetzen. Beiseite stellen.

Das Wasser und den Zucker in eine kleine Kasserolle geben. Unter ständigem Rühren auf großer Flamme aufkochen, bis die Flüssigkeit eine helle karamellbraune Farbe annimmt. Sofort von der Kochstelle nehmen und gleichmäßige Portionen auf die Formen verteilen. Diese am Rand fassen (weiter unten sind sie sehr heiß) und schwenken, um die Form bis zur Hälfte der Innenwände mit Karamell auszukleiden. Beiseite stellen.

Die Zutaten für die Creme in einen Mixer geben und 5 Sekunden mixen. Durch ein Sieb in eine Schüssel streichen. Anschließend die Flüssigkeit erneut in den Mixer füllen und den Vorgang noch viermal wiederholen. Die Mischung in die Förmchen gießen und 15 Minuten ziehen lassen.

Den Backofen auf 160 °C vorheizen. Heißes Wasser in die Backform gießen, alles mit Alufolie bedecken und die Puddings etwa 40 Minuten (abhängig vom Backofen) backen, bis sie fest sind. Abkühlen lassen, das Wasser abgießen, mit Klarsichtfolie abdecken und mindestens 4 Stunden in den Kühlschrank stellen.

Vor dem Servieren kochendes Wasser in die Backform gießen, um den Boden der Formen zu erwärmen. Die Formen 16 Sekunden im heißen Wasser stehen lassen. Vorsichtig die Creme mit einem Messer vom Rand lösen, die Form schnell auf einen Teller kippen, die Form langsam abnehmen, so dass das Karamell sanft über die Creme fließen kann. Den Vorgang mit den restlichen Förmchen wiederholen. Sofort servieren.

Diese Süßspeise kann am Vortag vorbereitet werden. Ein göttlicher Nachtisch!

Vegetarier & Vegetarier

Die Gemeinde der Vegetarier ist groß.

Einige Mitglieder reduzieren ihren Fleischkonsum nur teilweise. Sie gelten als Flexitarier. Andere verzichten ganz auf Fleisch und essen gelegentlich Fisch. Sie sind Pescetarier. Die meisten essen weder Fleisch noch Fisch, dafür Eier und Milchprodukte: die Ovo-Lacto-Vegetarier. Andere sind konsequenter, meiden tierische Produkte in der Nahrung und allen Lebensbereichen: die Veganer.

Kleinere Gruppen wiederum ernähren sich ausschließlich von Rohkost, einige vermeiden zusätzlich Gluten in der Nahrung. Die Vegetarier sind also eine große und sehr heterogene Gemeinde.

Wir in Montali sind mit unserer dreißigjährigen Erfahrung in der glücklichen Lage, für die Anhänger aller Formen vegetarischer Ernährung kochen zu können.

Die Motive für eine vegetarische Ernährungsweise sind breit gestreut. Einige werden Vegetarier, weil sie kein Fleisch mögen. Andere aus gesundheitlichen Gründen, um gesünder zu werden oder zu bleiben. Andere haben ethische oder religiöse Beweggründe, möchten das Schlachten unschuldiger Tiere verhindern. Auch ökologische Motive spielen für manche eine Rolle. Für sie gehört die Massentierhaltung zu den größten Umweltsünden. Es gibt also sehr unterschiedliche Gründe für eine ähnliche Grundeinstellung.

Viele bekannte Philosophen und Intellektuelle waren und sind aus all diesen Gründen Vegetarier. Tolstoi hielt sich ebenso streng an eine vegetarische Lebensweise wie Albert Einstein. In unserer Zeit waren es Popstars, die den Vegetarismus so populär gemacht haben. Ich erinnere mich noch gut, wie sich Sir Paul McCartney dazu bekannte, kein Fleisch mehr zu essen. Damals geradezu ein Skandal! Und dennoch wandten sich viele junge Leute nur wegen ihm dieser Lebensform zu.

Das Leben als Vegetarier ist in den vergangenen 30 Jahren glücklicherweise wesentlich einfacher geworden. Die gesellschaftliche Akzeptanz dieser Lebensform ist eine ganz andere als damals vor 30 Jahren, als ich Vegetarier geworden bin. Allerdings hat sich fast unmerklich eine Art Fundamentalismus in dieser Gemeinschaft breit gemacht, die der grundsätzlich positiven Haltung abträglich ist.

Ich war offen gesagt schockiert, als ich in dem angesehenen englischen Magazin „Vegetarian Society" einen ausführlichen Artikel unter dem Titel „Würden Sie mit einem Nicht-Vegetarier ausgehen?" entdeckte. Ich finde, das geht zu weit. Dem dümmlichen Spruch, Italiener „verabredeten sich mit allem, was atme", möchte ich mich enthalten. Dennoch ist diese Art der Ächtung von Menschen, die nicht derselben Lebensform folgen, indiskutabel. In Liebesangelegenheiten sollte jeder frei entscheiden können. Und bei allem Respekt, die Gemeinschaft der Vegetarier sollte sich um Wichtigeres kümmern. Ich komme darauf, weil ich mehrfach persönlich Zielscheibe von dem war, was man „fanatischen Vegetarismus" nennen könnte.

Eines Tages las ich bei Amazon die Leser-Kritiken zu unserem ersten Buch. Zum Glück waren viele ziemlich positiv. Aber wie immer gibt es die eine oder den einen, denen man es nie recht machen kann ... In diesem Fall war es eine wütende Lady, die unserem Buch als Zeichen ihres Missfallens einen einzigen mickrigen Stern gab. Sie zeigte sich tief enttäuscht. Wobei die Quintessenz ihrer Kritik lautete, wir hätten „das Wesen des Vegetarismus nicht im Geringsten begriffen!"

Kocht man seit 30 Jahren professionell vegetarisch und muss sich anhören, man habe keine Ahnung von dem, was man tut, steht man definitiv als Idiot da. Ich möchte zwar nicht das Gegenteil behaupten und dennoch ...!

Als mein Blick zuerst auf diese schlechte Kritik fiel, vermutete ich dahinter einen Nicht-Vegetarier, der ein Buch über diese für

ihn so unattraktive Küche als Verschwendung von Zeit und Geld ansah.

Nun gehören Nicht-Vegetarier häufig zu unseren besten Gästen. Vielleicht weil vegetarische Speisen, ihre Qualität und ihr Abwechslungsreichtum in unserem Restaurant sie immer wieder überraschen. Glückliche Gäste sind normalerweise zufriedene Gäste, keine Gäste, die einen Grund sehen, sich zu beschweren. Wer, fragte ich mich daher, könnte diese Kritik also geschrieben haben?

Für Vegetarier ist es nicht leicht, abwechslungsreiche Kost und die entsprechenden Rezepte zu finden. Daher hatte ich angenommen, dass jeder Vegetarier angesichts der Masse an Fleisch-Kochbüchern froh sein müsse, ein rein vegetarisches Kochbuch zu entdecken. Offenbar ein Irrtum meinerseits. Die kritische Lady musste also zweifellos Vegetarierin sein. Und sie hielt sich im Vergleich zu uns für die bessere Vegetarierin. Bei der Lektüre des für mich so beleidigenden Artikels erkannte ich schließlich, weshalb sie uns als „Verräter am Vegetarismus" (so nannte sie uns) empfand …: Wir verwendeten Parmesan!

Die Missfallensäußerungen der Lady hörten sich an, als habe man mich dabei erwischt, im Kindergarten Drogen an Kleinkinder zu verteilen! Und die ganze Aufregung nur wegen des Parmesankäses! Ich verkneife es mir, hier auszuführen, wie Italiener reagieren, wird ein Objekt nationalen Stolzes vom Stellenwert einer Marke wie Ferrari oder Armani angegriffen!

Nach weiteren Recherchen wurde mir klar, dass der Stein des Anstoßes für die Dame „Kälberlab" war, das zur Herstellung dieses köstlichen Käses verwendet wird.

Ich habe daher das „Consorzio del Parmigiano Reggiano", das die Herstellung des Käses überwacht, in Parma angerufen, den dortigen Direktor des Labors ans Telefon bekommen und ihn gefragt, welche Menge Lab normalerweise für die Herstellung des Parmesans benötigt werde.

Lab ist ein Enzymgemisch, das den chemischen Prozess der Gerinnung durch die Trennung von Milcheiweiß und Molke einleitet und für die Käseherstellung notwendig ist. Die dazu verwendeten Mengen an Lab sind minimal. Es handelt sich um zwei Gramm auf je 100 Liter Milch. Allerdings ist die Hälfte davon Salz, das zur Stabilisierung des Labs benötigt wird. Übrig bleibt die verschwindend geringe Menge von 1 Gramm je 100 Liter.

Ich respektiere Menschen mit festen Überzeugungen und solche, die sich an strenge Ernährungspläne und/oder religiöse Vorschriften halten. In Indien tragen Jaina-Mönche stets Besen bei sich, um sich den Weg freizufegen. Damit vermeiden sie, versehentlich auf kleine Insekten zu treten. Und sie tragen Tücher vor dem Mund, um keines der kleinen Gottesgeschöpfe einzuatmen. Gäste jüdischen Glaubens bitten uns häufig, bei der Zubereitung ihrer Speisen die besonderen

religiösen Vorgaben zu beachten, da Wein, Essig und andere nicht koschere Zutaten im Essen nicht erlaubt sind.

Wird eine solche Bitte an uns herangetragen, setzen wir uns als Erstes mit den besonderen Erfordernissen auseinander und gehen in der Regel auf diese Wünsche ein.

In einigen Fällen mussten wir für die zusätzliche Arbeit auch höhere Preise verlangen. In ein oder zwei Fällen jedoch mussten wir höflich ablehnen, da einige Forderungen für unsere kulinarischen Möglichkeiten zu weit gingen. So zum Beispiel, wenn die Verwendung anderer Küchenutensilien, anderer Herdtypen oder Backöfen gefordert wurde, und wir nicht in der Lage waren, diesen Wünschen zu entsprechen.

Wir kennen daher die Vielfalt an Lebensarten und Essensvorschriften, denen es zu folgen gilt. Aber: „Nobody is perfect."

Einer meiner Souschefs hat einmal im Spaß gesagt, da Benzin aus Dinosaurierfossilien gewonnen werde, dürften Vegetarier eigentlich nicht einmal Auto fahren.

Es gibt Menschen, für die ist Kuhmilch das reinste Gift ... und doch bin ich in Nepal einem Sadhu, einem heiligen Mann, begegnet, der die Askese lebt und sich seit 25 Jahren nur von Milch ernährt. Und er schien vollkommen gesund zu sein.

Natürlich kann ich der Forderung der Lady nach Lab-freier-Kost zustimmen. Gleichermaßen jedoch nehme ich mir die Freiheit, anderer Meinung zu sein. Ich liebe Käse. Junge Rinder werden nicht extra geschlachtet, um Lab zu gewinnen. Außerdem lebe ich in Italien, das nicht mit Großbritannien als Schmelztiegel zahlloser fremder Kulturen vergleichbar ist, wo in jedem Supermarkt koschere Lebensmittel neben Halal-Produkten und indischen Gewürzen im Regal stehen.

Fragt man in einem italienischen Supermarkt nach vegetarischem Käse, erntet man Blicke, als habe man zu viel Wein zum Frühstück genossen.

Mir geht es nicht um das Essen allein. Man kann Pescetarier sein, Eier essen, Veganer sein. Diese Unterschiede interessieren eigentlich niemanden. Viele Fleischesser sind vielleicht bessere Menschen als einige Vegetarier. Nicht der Verzehr von Fleisch und/oder von Gemüse machen den Menschen aus. Die Kost mag Einfluss auf die Persönlichkeitsbildung haben, aber sie ändert niemanden zu 100 Prozent. Hitler soll zum Beispiel Vegetarier gewesen sein.

Der springende Punkt ist, wenn man als Vegetarier ein vegetarisches Kochbuch kauft, in dem auch Käse verwendet wird, was man aber ablehnt, dann sollte man eben darauf verzichten und basta! Und es wird nicht der Autor beleidigt, weil man sich für den besseren Vegetarier hält.

Das ist die Quintessenz. Da glaubt jemand „wertvoller", „besser" zu sein als andere und leitet daraus das Recht ab, andere zu verurteilen und „den ersten Stein zu werfen".

Die Taliban, die Bomben in Afghanistan zünden, handeln aus eben dieser Einstellung heraus.

Die Kritik an sich stört mich nicht besonders. Ich möchte nur meinen Standpunkt klarstellen, denn diese Ressentiments sind mir während der 30 Jahre als vegetarischer Koch schon häufig begegnet.

Wir sollten Vegetarier werden, um mehr Respekt zu lernen – nicht nur vor den Tieren, sondern besonders auch vor unseren Mitmenschen. Wir sind nicht besser als andere. Kein Fleisch zu essen (und es ist unwichtig, ob Sie Eier, Lab, Knoblauch, Zwiebeln etc. gern essen oder nicht) macht aus uns keine besseren Menschen. Es gibt uns nicht das Recht, andere Lebewesen gering zu schätzen – weder Tier noch Mensch.

Mitgefühl und Verständnis für andere sollte Grundlage jeder Lebensweise und jeder Ernährungsweise sein. Noch mehr fundamentalistische Strömungen braucht niemand.

Italien, Schönheit und Leiden

In Italien zu arbeiten, war nie leicht.

Italien ist das schönste Land der Welt. Die Mischung aus großartiger Küche, einem fantastischen Klima, herrlicher Architektur und einer atemberaubenden Landschaft machen dieses gesegnete Land zu einem Paradies.

WENN NICHT ... Also wäre unser Staat auch noch fabelhaft organisiert, würden wir Italiener nichts mehr fürchten als den massenhaften Zuzug von Glücksrittern.

Aus diesem Grund bemühen wir uns redlich, das Chaos auf allen Ebenen aufrecht zu erhalten.

Abschreckung heißt die Devise ... und damit haben wir auch noch Erfolg! Was dabei herauskommt, ist ein wunderbares Land, das komplizierter nicht funktionieren könnte.

Was mich von jeher überrascht hat, ist die Tatsache, dass uns gewisse Dinge gelegentlich sehr gut gelingen.

Ich meine, das weltweit beste Auto ist ein italienisches. Die schönste Mode kommt aus Italien. Die beste Küche ist die italienische ... Aber warum können wir kein einfaches Auto für 15.000 Euro produzieren, das zumindest für einen vernünftigen Zeitraum gut funktioniert? Warum haben wir eine zur Hälfte korrupte, ineffiziente Bürokratie? Warum sind wir Weltmeister darin, alles zu verkomplizieren? Weshalb muss man bei uns drei Jahre (wenn nicht länger) warten, bis wir eine Lizenz oder eine Genehmigung erhalten? Weshalb tut sich eine solche Kluft zwischen dem öffentlichen und dem privaten Sektor auf? Das alles ist mir ein Rätsel.

Ich schätze, auf all diese Fragen eine Antwort zu finden, ist noch niemandem gelungen – denn es ist vergebens.

Sicher hat dies viel mit unserem südländischen Charakter, unserem römischen Erbe zu tun. Wir sind Individualisten. Was uns mehr als alles andere am Herzen liegt, sind unsere Familien, unsere Gärten, UNSERE ...

Das Gemeinwesen ist uns egal.

Was dem Staat, der Regierung, der Kommune gehört ... das versuchen wir, uns zunutze zu machen, ohne dafür zu bezahlen, und/oder es zu ruinieren und zu verschwenden.

Eine Haltung, die schließlich zu dem Chaos führt, mit dem wir leben. Ein paar 100 Jahre Kalvinismus oder Protestantismus hätten gereicht, um aus uns gnadenlosen Individualisten sozialere Wesen zu machen.

Leider haben wir, die wir Dreh- und Angelpunkt des Christentums sind und der Papst Erster Bürger unseres Landes ist, diese Chance verpasst. Also müssen wir uns noch ein paar Jahrhunderte mit der Situation abfinden.

Zudem hat die politische Lage der vergangenen 20 Jahre sicher nicht dazu beigetragen, die italienische Wirtschaft voranzubringen. Und es war wie ein Fluch, dass ein Ministerpräsident uns (wie auch seinen Harem) wie ein absolutistischer Potentat regiert hat. Gesetze, Gerichtsprozesse und Profite wurden auf ihn und seine Bedürfnisse maßgeschneidert. In einem anderen Land hätte diese Person schon seit Jahren hinter Gittern gesessen ... Aber bei uns stand er an der Spitze der Regierung.

Natürlich ist es nicht einfach, ein so verschiedenartiges Land unter einen Hut zu bringen. General de Gaulle hat einmal von Frankreich gesagt, es sei unmöglich, ein Land zu regieren, das mehr als 300 Käsesorten produziert ... Italien produziert ungefähr 600!

Italien erstreckt sich von Norden nach Süden über eine Länge von 1200 Kilometern mit gravierenden kulturellen Unterschieden. Während der industrialisierte Norden wohlhabend ist, blieb der Süden arm und alten Gesellschaftsstrukturen verhaftet.

Auf der Spitze des mittleren Turms des Mailänder Doms steht eine vergoldete Madon-

nenstatue, von den Mailändern „La Madonnina" („die kleine Madonna") genannt.

Dabei fällt mir die Anekdote von den beiden Dirigenten ein. Der eine Nord-, der andere Süditaliener. Beide behaupten, in ihrer jeweiligen Heimatstadt ein Konzert vor dem weltweit größten Publikum gegeben zu haben.

Der Dirigent aus Mailand sagt, er habe auf dem Domplatz vor 50.000 Zuschauern dirigiert, standing ovations von einer halben Stunde erhalten und mit seiner Musik „La Madonnina" zum Weinen gebracht.

Der Römer entgegnet, sein Konzert auf dem Petersplatz hätten 100.000 Besucher gehört, diese hätten ihm standing ovations von einer Stunde gewährt, und aufgrund seiner Musik sei ihm Jesus erschienen. Er habe gesagt: „Du warst wirklich großartig ... anders als dieser Idiot in Mailand, der meine Mutter zum Weinen brachte!"

Wie ist das zu toppen? Du musst das Land nehmen, wie es ist. Das Gute und das Schlechte ... wie ein Vater seine Kinder.

Aber nicht alles ist negativ. Die Italiener sind charmant und herzlich. Als meine Frau und ich das riesige Stück Land auf der Hügelkuppe mit der herrlichen Aussicht kauften, auf dem später unser Hotel entstand, war es 40 Jahre sich selbst überlassen gewesen. Die Felder waren von Buschwerk überwuchert, das Haus halb verfallen, und es gab weder Telefon noch fließendes Wasser oder Strom.

Wir machten als Erstes ein Zimmer im Haus bewohnbar, lebten in absoluter Einsamkeit, um vor Ort so viele Renovierungsarbeiten wie möglich erledigen zu können. Natürlich beantragten wir bei der Elektrizitätsgesellschaft die Anbindung an die Stromversorgung.

Eines Tages schickte die Elektrizitätsgesellschaft einen Geländewagen mit vier Herren zu uns auf den Berg. Wir waren damals 25 Jahre alt, romantisch (und etwas naiv), und das karge Leben machte uns nichts aus. Aber es war November, der Winter stand vor der Tür und die Leute vom Elektrizitätswerk fanden zwei leichtsinnige junge Leute vor, die in einem halb verfallenen Haus, ohne Strom und Heizung lebten ... Als ihnen unsere Situation, die sich in absehbarer Zeit auch nicht ändern würde, klar wurde, tuschelten die vier miteinander. Der eine hatte einen Stapel Papiere in der Hand. Er sah mich an und erklärte, dies wären Anträge, die sie vor uns zu erledigen hätten. Dann sah er seine Kollegen an und fügte hinzu: „Aber wir können euch doch nicht in diesem Zustand belassen!" Und damit nahm er unseren Antrag und legte ihn von dem letzten auf den ersten Platz. Zwei Wochen später war eine drei Kilometer lange Stromleitung zu uns gelegt. Eine Arbeit, die selbst mit etwas Glück normalerweise ein halbes Jahr dauert.

Die vier Italiener mittleren Alters sahen in uns junge Leute, die ihrer Sorglosigkeit nach auch ihre Kinder hätten sein können, und handelten entsprechend. Sie zeigten den Großmut, der zum italienischen Charakter, zu unserer Kultur gehört.

Trotzdem kann man nicht erwarten, stets so viel Glück zu haben. Die Sache hätte auch zwei Jahre dauern können.

Aber genau das macht das Arbeitsleben hier so kompliziert. Nichts ist sicher, und niemand weiß, welche Regeln wann gelten. Allerdings glaube ich, dass in anderen Ländern auch nicht immer alles glatt geht.

In Holland oder Großbritannien sind die Dinge schwarz oder weiß, sind entweder erlaubt oder verboten. In Italien leben wir mit 200 Schattierungen der Farbe Grau. Prinzipiell ist nichts erlaubt. ABER, wenn man ein paar Leute kennt oder ein paar Scheine über den Tisch wandern lässt oder bereit ist, drei Jahre zu warten ... JA WENN ...

Nach diesem System läuft auf nationaler Ebene alles. Das gilt für eine einfache Bauvorschrift auf Gemeindeebene wie auch für überregionale Steuern, die innerhalb eines halben Jahres erlassen, ausgesetzt oder unter neuem Namen wieder aufgelegt werden können. Niemand kann sicher sein, wann und wie und wenn überhaupt Zahlungen erfolgen müssen.

Bei der Eröffnung unseres Betriebes vor 25 Jahren hatten wir nur einen kleinen Raum mit höchstens zwölf Sitzplätzen für das Restaurant vorgesehen. Daher beschlossen wir später, ein neues Haus für mehr Hotelzimmer zu bauen, und das alte Haus für ein größeres Restaurant zu erweitern. Da wir bereits im Sommer Gäste hatten, mussten wir die Bauphase in die halbjährige Winterpause verlegen. Zuvor jedoch verbrachten wir leider erst einmal zwei Jahre damit, den Papierkram zu erledigen und sämtliche Genehmigungen einzuholen.

Und obwohl wir auf einem Berg liegen und im Umkreis von vier Kilometern keine Nachbarn haben, gab es eine Unmenge Vorschriften und Verordnungen einzuhalten. In anderen Ländern hätten diese ausgereicht, ein neues Raumfahrtzentrum zu bauen. Aber abgesehen von dem Wust an italienischen Bauverordnungen bekamen wir es auch mit Umweltverordnungen und denkmalschützerischen Vorgaben zu tun. Unser Anwesen liegt in der Mitte eines Bergwaldes und in einer historisch bedeutenden Gegend. Für unser Bauvorhaben, den Hundezwinger eingeschlossen, mussten wir ein zeitraubendes Genehmigungsverfahren auf Gemeindeebene und anschließend beim Umwelt- und Denkmalschutzamt durchlaufen.

Als meine Frau vor 30 Jahren aus Brasilien nach Italien kam, hatte sie das Abschlussexamen in Architektur und ein Doktoranden-Stipendium am Amt für Denkmalpflege „Belle Arti". Das heißt, sie hat ihr Studium noch durch eine Schulung in Denkmalpflege ergänzt, was wir (dumm wie wir waren) für ausreichend hielten, um einen für diese Institution akzeptablen Plan vorzulegen.

Einer der bedeutendsten Unterschiede zwischen Italien und den Bürokratien Nordeuropas ist, dass diese Institutionen bei uns für alles, was sie betrifft, die absolute Entscheidungshoheit besitzen. Reicht man bei ihnen einen Bauplan ein, dann haben sie das Recht, diesen ohne jede Begründung abzuschmettern. Das heißt, wenn der allmächtige zuständige Beamte dein Projekt nicht für genehmigungsfähig hält, erfährst du niemals den Grund. Alles liegt in der Hand eines italienischen Bürokraten, der mit dem dummen, machtlosen italienischen Bürger machen kann, was er will.

Wir allerdings nahmen an, für uns sei alles einfacher, da unser Plan von einer Architektin stammte, die auch Absolventin der „Belle Arti" ist. Falsch gedacht!

Wir hatten keine Ahnung, was an unserem einfachen Restaurantanbau aus Stein an einem Haus aus Stein nicht stimmen sollte. Vor allem, da der Plan zuvor von der regionalen Baubehörde genehmigt worden war. Also machten wir die Probe aufs Exempel.

Wir strichen die Toiletten! Der Plan enthielt einen großen Raum als Anbau für das Restaurant und einen kleinen Bau für die Toiletten. Wir entschieden uns für das kleinere Übel und nahmen die Toiletten aus dem Plan. Und wir bekamen die Genehmigung! Wer brauchte schon Toiletten für ein Restaurant, noch dazu für ein vegetarisches!

Das Restaurant wurde gebaut … und nachdem alles in trockenen Tüchern war, bauten wir eine Toilette an … ohne Genehmigung. Das war natürlich gegen das Gesetz! Wir machten uns strafbar.

Ich bin Sohn eines Generals, erzogen zur Einhaltung von Gesetz und Ordnung … aber nur, solange diese auch Sinn ergeben. Ein Restaurant ohne Toiletten zu bauen, macht für mich überhaupt keinen Sinn. Also wurde ich zum Anarchisten, wie notwendigerweise und unfreiwillig noch häufiger in meinem Leben als kleiner italienischer Unternehmer.

Seit ich denken kann, suchte unser Staat stets dringend nach Einnahmequellen. Für unsere Politiker war alles, was Einnahmen versprach, akzeptabel. Es gibt die berühmte Anekdote von Papst Coelestin V., der die Papstwürde niederlegte, weil er das Dokument zum Bau einer Kathedrale für die Jungfrau Maria, finanziert durch Steuern auf die Prostitution, nicht unterzeichnen wollte. Sollte dieser Papst damals schon ein Anarchist gewesen sein?

Unsere Politiker beherrschen das Eintreiben von Geld sehr gut. Schließlich ist der Unterhalt dieser gut bezahlten Schurken nicht gerade billig.

Eine einfache Einnahmequelle für den italienischen Staat war schon immer der sogenannte „Baugenehmigungserlass", ein baurechtlicher Straferlass ... eine Verordnung, durch die ein illegaler Bau durch Zahlung einer Geldsumme legalisiert werden kann. Sehr italienisch!

Also wurde mein Toilettenbau einige Jahre später durch Zahlung eines kleinen Vermögens an die Regionalregierung legalisiert. Vermutlich hat nicht einmal der Sultan von Brunei derartig teure Toiletten wie wir.

Als ich las, dass Micheal O'Leary, der Vorsitzende von Ryanair, mit dem Gedanken spielte, für den Toilettenbesuch in seinen Flugzeugen 1 Euro zu verlangen, hielt ich das sofort für einen großartigen Einfall. Und sicher hätte ich ihn kopiert, hätte der Mann den Mut gehabt, sein Vorhaben durchzusetzen. So musste ich die Idee leider ebenfalls aufgeben.

Die italienische Bürokratie kann jeden italienischen Geschäftsmann in den Wahnsinn treiben. Nach allem, was wir im Lauf des Bauvorhabens an Dummheit und Geldverschwendung erleben mussten, war ich stolz, dass wir dieses Abenteuer durchgestanden hatten.

Die größte Überraschung allerdings sollte ich erleben, als das örtliche Gesundheitsamt eine Überprüfung der hygienischen Verhältnisse im Restaurant ankündigte. Da ich wusste, wie penibel meine Frau in dieser Hinsicht ist, sah ich dem Besuch ausgesprochen gelassen entgegen.

Ich traute meinen Ohren kaum, als mir die Dame vom Gesundheitsamt mitteilte, wir bekämen die Genehmigung für die Bewirtung externer Gäste (also für die, die nicht bei uns im Hotel wohnen) nur, wenn wir für diese auch eine gesonderte Toilette anbauen würden.

Großartig! Das eine Amt gab uns die Baugenehmigung nur, wenn wir keine Toilette an das Restaurant anbauen, während das nächste Amt zwei dieser Sorte auf dem Grundstück forderte.

Ein weiteres Beispiel für die Ineffizienz der italienischen Bürokratie.

Willkommen in Italien ... Hauptsache, die Sonne scheint!

Meine Heimatliebe ist eine Hass-Liebe. Ich sitze in meinem Büro am Schreibtisch, und mein Blick fällt durch die Glastür auf das Tal unter uns. Sonnenstrahlen glitzern auf den Baumwipfeln und mein Blick schweift über das mittelalterliche Kloster und eine Burg aus dem 14. Jahrhundert zum Trasimenersee in der Ferne. Selbst Johann Wolfgang von Goethe war 1786 von seiner Schönheit und der Stimmung verzaubert.

Hier bin ich zu Hause, und all die Speisen und Zutaten, die in diesem Buch beschrieben sind, warten nur darauf, den Gaumen zu erfreuen.

Tja, wenn das alles nur ein wenig billiger und ohne den mühsamen Gang durch die Institutionen zu haben wäre ... Ja, dann wäre alles hier vollkommen.

Register

ANTIPASTI & APPETITHÄPPCHEN

Sorbetto Martini / Martini-Sorbet	20
Paté di Verdure / Gemüse-Pâté	23
Pesto di Pomodori Secchi / Tomaten-Pesto	24
Tarallucci / Salzgebäck	28
Spuma al Cavolfiore / Blumenkohl-Schaum	31
Pastel de Queijo / Käse-Teigtaschen	32
Focaccia Pugliese / Focaccia aus Apulien	36
Gazpacho Bianco / Weiße Gazpacho	39
Bruschetta al Cavolfiore / Blumenkohl-Bruschetta	40
Glutenfreie Panini / Brötchen	42
Pão de Queijo / Käsebrötchen	44
Gazpacho all'Arancia / Orangen-Gazpacho	47
Torta al Testo / Spinatfladen	48
Pomodorini Ripieni di Quinoa / Gefüllte Tomaten mit Quinoa	50
Fonduta Pugliese / Käsefondue aus Apulien	54
Supplì di Riso / Frittierte Reiskroketten	57
Giardiniera Piemontese / Eingelegtes Gemüse aus dem Piemont	58
Quinoa all'Arancia / Quinoa à l'Orange	60
Tris di Cavolfiore / Drei Variationen vom Blumenkohl	64
Tris di Scones / Drei Varianten von Scones	68
Vegetarisches Sushi	72

Erster Gang / Primi

Bucatini Aglio e Olio / Bucatini mit Knoblauch und Öl	86
Sommomolini di Riso / Reis-Nocken	89
Orecchiette alle Cime di Rapa / Öhrchen-Nudeln mit Sprossenbrokkoli	90
Riso e Bieta / Reis mit Mangold	93
Rigatoni al Forno / Rigatoni-Auflauf	94
Risotto Radicchio e Noci / Risotto mit Radicchio und Walnüssen	98
Paccheri al Pomodoro / Paccheri mit Tomatensauce	101
Spaghetti di Zucchine con Pomodori al Forno / Zucchini-Spaghetti mit gebratenen Tomaten	102
Fusilli Integrali al Cavolfiore / Vollkornfusilli mit Blumenkohl	105
Ribollita / Toskanischer Gemüsetopf	106
Farfalle Ricotta e Noci / Farfalle mit Ricotta und Walnüssen	110
Riso Venere con Lenticchie / Schwarzer Reis mit Linsen	113
Lasagnette di Ceci al Curry / Bandnudeln mit Kichererbsen-Currysauce	114
Zuppa „Caldo Verde" / Grüne Brühe „Caldo Verde"	117
Timballo di Riso / Reis-Timbale	119
Pasta ai Cavolini di Bruxelles / Pasta mit Rosenkohl	122
Trofie Zucchine e Robiola / Trofie mit Zucchini und Robiola	125
Cous Cous alla Montali / Couscous à la Montali	126
Fusilli Ricotta e Cipolle Rosse / Fusilli mit Ricotta und roten Zwiebeln	129
Insalata di Riso / Reissalat	130
Gnocchi di Zucca alla Rodrigo / Kürbis-Gnocchi à la Rodrigo	133
Farro alla Montali / Dinkel nach Montali-Art	134
Riso e Patate della Nonna Wanda / Reis mit Kartoffeln von Großmutter Wanda	137
Pappardelle ai Carciofi / Pappardelle mit Artischocken	138
Gumbo	141
Pasta Fredda Melone e Gorgonzola / Kalte Pasta mit Melone und Gorgonzola	145
Conchiglie alla Zucca / Conchiglie mit Kürbis	146
Risotto alle Fragole / Risotto mit Erdbeeren	149

Zweiter Gang / Secondi

Triangoli di Pasta Filo & Peperoni in Agrodolce / Gefüllte Filoteigdreiecke & Paprika süßsauer	166
Carciofi Ripieni / Gefüllte Artischocken	169
Canederli di Zia Renata / Tante Renatas Semmelknödel	170

Fagiolini allo Zenzero / Grüne Bohnen mit Ingwer ... 173
Sformato di Miglio al Forno / Hirse-Ricotta-Flan ... 174
Patate al Cocco / Kartoffeln in Kokosmilch ... 177
Seitan alla Pizzaiola / Seitan in Tomatensauce ... 178
Sfogliate e Cipolline / Blätterteigtaschen mit karamellisierten Zwiebeln ... 181
Finocchi al Gratin / Fenchelgratin ... 182
Cannoli di Porri con Paté di Legumi / Lauchröllchen mit Gemüsepaté ... 184
Quenelles / Zweierlei Nocken ... 188
Spinaci al Gratin / Spinatgratin ... 190
Finocchi Fritti con Crema di Avocado / Frittierter Fenchel mit Avocadocreme ... 192
Torta al Formaggio / Käsequiche ... 194
Pomodori Confit con Vegan Ricotta / Tomaten-Confit mit veganem Ricotta ... 196
Patate al Forno / Bratkartoffeln ... 200
Kibe de Queijo / Bulgurkuchen ... 203
Torta di Scarola / Endivienquiche ... 204
Rösti con Capunata Siciliana / Rösti mit sizilianischem Gemüsetopf ... 206
Tofu alla Montali / Tofu à la Montali ... 210
Coccio di Formaggio al Miele / Käsecreme mit Honig ... 213
Tartin di Ciliegini e Feta / Tarte Tatin mit Tomaten und Feta ... 214
Peperoni alla Bagna Cauda / Paprika in Bagna Cauda ... 216
Focacce alle Verdure / Gemüse-Focaccia ... 218
Tabbouleh di Quinoa / Quinoa-Taboulé ... 222
Tartin di Cipolle Rosse / Tarte mit roten Zwiebeln ... 224
Spadellata alle Spezie / Gemüsepfanne ... 227
Flan di Melanzane / Auberginen-Flan ... 228
Frittata di Pasta / Pasta-Omelette ... 232
Lenticchie alle Erbe / Linsen mit Kräutern ... 235
Gallette di Patate al Tartufo / Kartoffeltaler mit Trüffeln ... 236
Crespelle Fagiolini e Zafferano / Crespelle mit Bohnen und Safran ... 238

Desserts

Quindim ... 250
Dolce Crudo di Cioccolato / Kalter Hund ... 253
Mimosa ... 254
Grano dolce / Süßer Weizen ... 256
Brotpudding ... 259
Sfoglia Croccante al Cocco / Knusprige Gebäckblätter mit Kokos ... 260
Ananas Flambé / Flambierte Ananas ... 265
Cannoli di Pasta Filo alla Rodrigo / Filoteig-Röllchen à la Rodrigo ... 266
Torta Speziata alla Cleophus / Gewürzkuchen à la Cleophus ... 269
Waffeln ... 270
Salame Dolce / Süße Salami ... 273
Tapioca al Vino / Tapioka-Weingelee ... 274
Torta di Carote e Cioccolato / Karotten-Schokotorte ... 278
Biscotti / Kekse ... 281
Glutenfreie Pfannkuchen ... 282
Torta allo Yogurt / Joghurtkuchen ... 285
Pastiera Napoletana / Neapolitanische Ostertorte ... 286
Torrone al Cioccolato / Torrone mit dunkler Schokolade ... 290
Glutenfreie Muffins ... 293
Chiacchiere di Zia Renata / Fettgebackenes nach Tante Renata ... 294
Cantucci al Vin Santo / Cantucci in Vin Santo ... 297
Gelato / Eis ... 298
Torta di Noci / Walnusstorte ... 302
Banane Caramellate / Karamellisierte Bananen ... 305
Nega Maluca / Schokokuchen ... 306
Dolcetti Carote e Cocco / Karotten-Kokosbällchen ... 309
Pudim de Leite / Milchpudding brasilianisch ... 310

MALU SIMÕES und ALBERTO MUSACCHIO führten in den 80er-Jahren ein Restaurant in Perugia, entschieden aber, dass es Zeit für eine Veränderung sei. Sie kauften einen verwilderten Besitz auf einem abseits gelegenen Hügel und machten daraus eines der ersten vegetarischen Restaurants Italiens. Angegliedert ist ein Hotel (Country House Montali – www.montalionline.com). Heute sind Hotel und Restaurant sehr erfolgreich und haben bereits mehrere Preise erhalten. Das erste Buch des Autorenpaars wurde weltweit über 80.000-mal verkauft.